与最聪明的人共同进化

CHEERS

HERE COMES EVERYBODY

我身安处是职场

IF YOU COULD LIVE ANYWHERE

[美]梅洛迪·沃尼克 著
Melody Warnick

檀林 译

浙江教育出版社·杭州

你对"数字游民"了解多少?

- 只有远程工作或者线上工作的人才是数字游民吗?（ ）

  A. 是

  B. 否

- 数字游民分为三种类型:漫游者、探寻者和（ ）。

  A. 自由职业者

  B. 定居者

- 对于数字游民而言,在哪里工作都不会有影响,这是对的吗?（ ）

  A. 对

  B. 错

扫码加入书架
领取阅读激励

扫描二维码获取全部
测试题及答案,
了解更多数字游民的生活方式

扫描左侧二维码查看本书更多测试题

献给埃拉，
她也要选择自己的处所了；

献给鲁比，
他得先学会开车。

IF YOU COULD LIVE ANYWHERE　推荐序

《我身安处是职场》——数字时代的"位置策略"

檀林
前海再保科技董事长
海创汇首席生态官

　　If You Could Live Anywhere 是一本关于数字游民生活与工作方式的书，内容非常有趣，也有启发性，中文版名为《我身安处是职场》。

　　这本书的作者梅洛迪·沃尼克是《读者文摘》(*Reader's Digest*)的固定供稿人。她自己也是一个奉行"四海为家主义"(anywhereism)的数字游民实践者，她在本书中深入探讨了选择旅居地的重要性以及如何选择与个人价值观相匹配的居住地点。

过去，我们常常根据理想的职业选择居住地。比如，想要从事电影拍摄工作，就会考虑搬到洛杉矶；想要从事出版工作，就会选择纽约；想要创办初创公司，就会把目光聚焦在硅谷。当然，在中国，理想的职业选择地可能是北、上、广、深等一线大城市。

然而，随着远程工作和自由职业的兴起，越来越多的人的居住地不再受限，不仅是从事互联网工作的人，即使是医生、教师和其他传统职业的人，在选择居住地时也会面临新的决策，而选择一个适合自己的居住地对于成功和幸福至关重要。

这就引出了一个问题：如果工作不再决定你住在哪里，你该如何做出决策呢？

《我身安处是职场》这本书给出了答案。

梅洛迪·沃尼克在书中深入讨论了我们在评估潜在居住地时常常忽视的一些问题。虽然她是站在美国人的视角，但其观点对我们同样有参考意义。她指出，幸福的关键不在于简单地搬迁，而是选择与自己的价值观相匹配的居住地。

那什么是数字游民的价值观呢？本书列举分析了9条数字游民选址时可考虑的价值观，教你如何在这种价值观的指引下制定个人的选址策略，充分利用你面向未来的技能以及线上和线下社区的生活资源，把自己打造成一个能在实体空间、社区空间和数字空间自由穿梭的"数字游民"超级个体。

数字游民的"数字化生存"是一种全新的生活方式，融合了数字技术、远程工作方式和自由流动形态，为我们带来工作自由、时间自由和空间自由。

- 工作自由。数字游民不再受限于传统的办公室工作，他们可以在全球范围内选择工作地点，无论是在家中、咖啡厅、海滩还是山区。远程工作、自由职业和数字创业使得数字游民能够自主选择工作内容和时间，更好地平衡工作和生活。"数字游民"是一种在新技术支撑下回归自然的"叠加态"生活方式；是在生成式 AI 时代，新一代创客边旅行、边工作、边度假、边学习、边交友的"生活方式创业"（lifestyle entrepreneurship）。

- 时间自由。数字游民不再受制于传统的工作时间。他们可以根据自己的节奏安排工作，无论是早晨、午夜还是周末。这种时间自由使得数字游民能够更好地管理自己的生活，追求更有意义和更丰富的体验。

- 空间自由。数字游民可以在世界的任何地方生活和工作。他们不再受限于特定的地理位置。这种空间自由使得数字游民能够追求更美好的生活环境，享受不同地区的文化、自然和社交。

随着交通和通讯技术的进一步发展，我们可以明确地说，未来的工作可以在任何地方进行。

那么，你真正想去哪里呢？梅洛迪·沃尼克告诉我们，将居住地与价值观相匹配非常重要，因为它会直接影响我们的生活质量、幸福感和满足度。

首先，居住在与自己的价值观相符的地点，我们会感到更加满意和幸福。这是因为我们的环境和社区会体现出我们重视的事物，从而增强我们的幸福感。

其次，居住地还会影响我们的社交圈子。如果我们生活在与自己的价值观不一致的地方，我们可能会感到孤独或难以融入社区。相反，如果我们选择了与自己的价值观相符的地方，我们更容易结交志同道合的朋友，建立深厚的人际关系。

而且，不同地区的生活成本差异很大。选择与自己经济状况相匹配的地方可以更好地管理开支，减轻经济压力。

随着远程工作的普及和互联网的发展，数字游民这一生活方式正在成为一种新的趋势。

一个典型的案例是爱沙尼亚。2019年，爱沙尼亚成为全球首个推出数字游民签证的国家，用"无国界的国家"（a country without borders）概念来吸引跨国和远程工作者，让他们可以在爱沙尼亚居住、工作和旅行。

爱沙尼亚的数字游民签证具有许多特点，包括自由的工作环境、一年有效期以及附带的90天申根签证，方便数字游民前往其他申根国旅行。此外，爱沙尼亚政府还计划开放一些配套有偿服务，例如停留期间的医疗服务。

爱沙尼亚政府很有远见地通过开辟数字国度、增加数字国度中创客人群的密度来促进未来的发展。"人们可以在世界任何地方不受限制地访问、使用爱沙尼亚的工商、税务、货币交易系统"。

爱沙尼亚是一个只有不到200万人口的波罗的海小国，却发放了700万张数字游民签证，成为名副其实的数字游民国度。爱沙尼亚的移民政策考虑到这样一个事实，即在当今全球化的世界里，人们的流动性更强，工作与旅行相结合的生活方式已经成为大势所趋。

数字游民不仅在改变自己的生活方式，也对全球经济产生积极影响。据估计，数字游民每年在全球范围内花费的金额达到了 7 870 亿美元。而且随着数字游民生活方式的普及，这个数字还在不断增长——数字游民对经济的贡献是巨大的。

数字游民的兴起也引起了许多国家的关注。根据全球最大的远程工作网站 Remotive 的数据，目前已经有超过 37 个国家和地区推出了数字游民签证。这一趋势的背后有几个根本原因：疫情引发的变革，企业和社会的数字化转型需要吸引新思想和人才，地理套利带来的红利，以及远程工作方式的普及。

越来越多的人意识到，工作不再受地理位置的限制，我们可以在世界各地自由选择居住地。因为在哪里工作不再成为限制条件，我们有更多的自由选择在哪里生活！

2022 年号称中国的数字游民元年，数字游民在中国的兴起也呈现出一些有趣的现象，特别是在大理这个被戏称为"Dalifornia"（大理福尼亚）的地方。数字游民通过数字基础设施和互联网，在这里享受着蓝天白云、丰饶的物产和物价便宜的生活，并相互联系在一起。这种地理套利现象最初在疫情期间兴起，并迅速在年轻人，特别是国内的 Web 3 创客群中成为一种风尚。

大理的数字游民平均年龄是 33 岁，单身男性居多，也有不少是夫妇，不再局限于休闲旅居或退休的群体，而是一群无论身在何地，只要有网络就能工作的人。他们通过远程工作融入整个世界，享受着自由和多样性的生活。根据一份报告，76.4% 的"00 后"愿意成为数字游民，这表明数字游民这种依托互联网的新型工作和生活方式正在成为越来越多年轻人的选择。

数字游民的兴起代表了一种生活思维方式的转变。在传统观念中，我们常常将成功与物质占有和金钱挂钩，但数字游民正在重新定义成功和生存方式。许多人开始重视更加自由、有意义和创造性的生活，而不仅仅是追求金钱和物质。

"占有"的生存方式通常是以物质和利润为导向的，这意味着追求更多的财富、更大的房子、更昂贵的车辆等。然而，这种追求往往会让我们陷入无休止的竞争和焦虑之中。我们可能会忽视自己的内心需求，只为了追求外在的"成功"。

相比之下，"存在"的生存方式更加关注内心的满足和创造性的发展。数字游民选择远程工作、自由职业或创业，以便更好地平衡工作和生活。他们可能在美丽的地方工作，追求自己的激情，并享受更加灵活的生活方式。

我们的目标应该是存在得更好，而不仅仅是追求物质的占有。存在得更好意味着追求内心的平静、创造性的发展、人际关系的深度，以及对自然和社会的贡献。当我们将注意力从"占有"转向"存在"时，我们可能会发现更加有意义、更加充实的生活。

这种追求存在感和意义感的"四海为家式"全球数字游民的数量预计在2030年将超过10亿，他们还有一个生活方式的价值主张，叫"New Rich宣言"，它强调了一系列在新时代的成功和幸福要素：

- Happiness is the new rich（幸福是新富足）。

- Inner peace is the new success（安心是新成就）。

- Health is the new wealth（健康是新财富）。

- Kindness is the new cool（善良是新潮流）。

这个宣言提醒我们，成功不仅仅是物质上的，还包括精神层面的满足和人际关系的和谐。数字游民的生活方式强调了这个价值观，让人们更加关注内心的平静、健康和善良。

1957年问世的《在路上》是"垮掉的一代"的著名代表作品，其作者是美国著名的小说家和诗人杰克·凯鲁亚克，他在书中用自己穿越美国大陆的故事，来展现一种追求自由、通过旅行和冒险寻找生命意义的生活。"垮掉的一代"不受传统社会观念的束缚，勇于追求个性和独立，而这种精神与今天数字游民追求的工作自由、时间自由和空间自由是一脉相承的。所以，今天数字游民的生活方式可以被看作是杰克·凯鲁亚克所说的"生活、旅行、冒险、祝福，无需遗憾"在当今数字网络时代的体现。

希望大家能够阅读本书，它将为你带来关于生活的新启发和新思考！无论你是追求个人发展，还是向往自由和冒险，这本书都会给你带来许多有价值的观点。享受阅读！

IF YOU COULD
LIVE ANYWHERE   目 录

推荐序　《我身安处是职场》——数字时代的"位置策略"

檀林
前海再保科技董事长
海创汇首席生态官

第一部分
数字游民，高效率、慢生活的全新工作方式

第 1 章	成为数字游民，边工作边度假的"理想生活"	003
第 2 章	世界那么大，你去哪里看看	021
第 3 章	你在哪里，工作就在哪里	047

第二部分
不再"内卷",破解精神内耗的美好生活图鉴

第 4 章	不是追求自由,而是追求认同	063
第 5 章	赚最多的钱,将生活成本降到最低	087
第 6 章	心中有创意,哪里都是硅谷	115
第 7 章	越融入,越成长	137
第 8 章	带着创造力去工作,带着爱与自由去生活	161
第 9 章	勇者已经上路,弱者从未启程	183
第 10 章	唯有一技之长,才能走遍天下	209
第 11 章	找回初心,通向理想生活之路	231
第 12 章	不必朝九晚五,还有诗和远方	255
结 语	行动吧!不要等到 65 岁才过上想要的生活	277
致 谢		293
参考文献		296

数字游民 9 大宣言

❶ 当你可以在任何地方工作时，合适的场所可以让你工作得更出色。

❷ 如果你可以在任何地方工作，那么你也可以在任何地方生活。

❸ 你在哪里住可以重要，也可以不重要。

❹ 你选择的地点应当体现你的价值观。

❺ 被渴望不及被需要。

❻ 当成为一名数字游民以后，你所在的城镇就是你的办公室。

❼ 当我们都更认真做事时，我们就会都做得更好。

❽ 对地点的投入让生活更有意义。

❾ 合适的地点会让你更加了解对你而言什么最重要。

IF YOU COULD LIVE ANYWHERE

第一部分

数字游民，高效率、慢生活的全新工作方式

第 1 章

成为数字游民，边工作边度假的"理想生活"

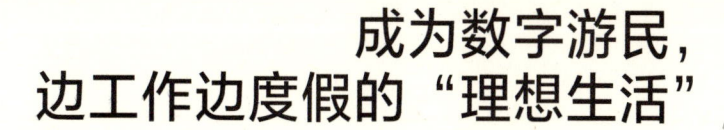

IF YOU

COULD LIVE

ANYWHERE

你是否：

- ✓ 厌倦了朝九晚五的生活？
- ✓ 经历着糟心的通勤？
- ✓ 因为工作被迫远离亲人？
- ✓ 做着在任何地方都可以完成的工作？
- ✓ 向往山川湖海？

埃米·赫布顿（Amy Hebdon）和詹姆斯·赫布顿（James Hebdon）在西雅图生活并工作了7年，7年远比很多重大历史事件历经的时间都长。逝去的时间在空中飘荡，但对于赫布顿一家而言，7年的时间还不够长，还不足以让他们觉得比暂住人口在当地有更多机会。

赫布顿一家并非不喜欢西雅图。相反，他们都非常喜欢那间在西雅图租的豪华公寓。和大多数人不太一样，詹姆斯相当喜欢太平洋西北地区的阴沉天气。不过，这座城市恐怕永远无法给他们想要的生活——孩子和狗在广阔的田野嬉戏，地下室的架子上摆放着闪闪发光的玻璃罐子，里面装满他们自己种植的农产品，还有自家养的鸡在院子里啄食。

埃米一直想买一套属于自己的房子。然而到了2016年，西雅图的房价已经飙升成天文数字。詹姆斯的姐姐在西雅图买房子花了100万美元。埃米和詹姆斯觉得，在任何一个版本的平行宇宙里，他们在西雅图都买不起那样的房子。"我希望能够有一个属于我们的地方，有一个可以让我们安顿下来的家，"埃米说，"如果你内心深处认为这种状态不会持久，你就很难有完全安定下来的感觉。"

幸运的是，埃米和詹姆斯拥有一个秘密武器：他们可以远程工作。

我身安处是职场
IF YOU COULD LIVE ANYWHERE

近10年来,埃米大多数时间是在远程工作。她有时是全职员工,为雇主工作,有时是独立的承包商。2017年的时候,她辞去了西雅图一家科技公司的工作,创办了自己的数字营销公司。不久,詹姆斯也加入了她的公司。几个月之后,他们的收入就达到了6位数。他们的客户完全不知道他们并没有在办公室。

只要网络畅通,埃米和詹姆斯就可以在任何地方工作。于是他们很快就意识到,除了柯克兰的公寓,为什么不试试咖啡店或共享办公空间呢？或者是国家公园的露营地？甚至是南美洲的海滩？如果他们可以在任何地方工作,那么一个推论就能自动成立——他们其实可以住在世界上的任何地方。和成千上万可以自由选择工作地点的人一样,他们开始思考改变生活方式的可能:如果可以在任何地方工作,我们应该住在哪里？

埃米和詹姆斯就是我所说的数字游民,这是一个数量快速增长的群体,他们无须待在一个地方生活和工作。公司搬迁、令人崩溃的城市通勤、住在不太喜欢的地方——当你是一个数字游民的时候,所有这些烦恼都会烟消云散。当可以自由地选择工作地点时,你就可以选择要在哪里过自己想要的生活。

- 也许你也是一个数字游民,或者你正想成为其中的一员。

- 也许,像埃米和詹姆斯一样,你创办了自己的公司,这也会让你在一定程度上拥有地点灵活度。

- 也许你是一名远程工作者,所在的公司不需要每天朝九晚五打卡。就像企业间的电子商务的销售专员瑞安·米塔（Ryan Mita）一样,他利用疫情期间可以远程工作的机会,把家从纽约搬到了得克萨斯州的奥斯汀，只是因为他可以这样做。

- 也许你是像格蕾丝·泰勒（Grace Taylor）一样的个体企业家①，她是一名会计师，可以在任何地方开展业务，服务像她这样的数字游民客户。

- 也许，和美国大约 35% 的劳动者一样，你是一位有很多客户的自由职业者。或者像杰茜卡·阿劳斯（Jessica Araus）一样，她本来是一位老师，从墨西哥搬到荷兰后成了一名自由插画师。

- 也许你像丽娅·塔肯（Ria Talken）一样处于半退休状态，她离开奥克兰前往墨西哥，居住在一年 320 天有阳光的圣米格尔 - 德阿连德。或者你刚刚结束了领薪水的生活，又或者你义无反顾地提早退休，现在你希望可以去曾经向往过的地方。

无论是什么让你四海为家，其中都有一个共同的因素：**你在哪里，你的工作就在哪里**。你有很大的自主权来决定自己住在哪里。四海为家主义并不仅仅是可以自由选择生活的地点，与地点独立性紧密相关的是自由与灵活性，即根据自己最重视什么、最想要什么样的体验以及成功对自己到底意味着什么来决定自己想要的生活方式。

成为一个数字游民，你可以对抗现代社会时不时的经济危机、倦怠和压力，甚至逃离作家安妮·海伦·彼得森（Anne Helen Petersen）描述的那种状态："感觉你已经把自己当成了一个工作机器人。"数字游民工作都很努力，但他们也希望平衡自己的时间、精力、身心健康、与朋友和家人相处的时

---

① 个体企业家指没有雇用全职员工的企业家，他们可能会雇用零工，但对自己的企业运营负有全部责任。——编者注

光、休闲和奋斗目标。为此，他们通常先要选择一个地点。

如何成为数字游民

四海为家主义并不是什么新鲜事物，在过去的 20 年里它发展迅猛。早在 2007 年，蒂莫西·费里斯（Tim Ferriss）在他的畅销书《每周工作 4 小时》（The 4-Hour Workweek）中就倡导自由选择工作地点的观念。这本书封面上那棵卡通风格的棕榈树吸引着数以百万计的读者，包括企业家、自由职业者和朝九晚五工作的人，他们幻想在阳光明媚的海滩上，一边小酌玛格丽塔一边工作的场景。

不久出现了这种情况：整家公司的员工都开始"随时随地工作"。Basecamp 是一家网页和软件设计公司，这家公司的创始人贾森·弗里德（Jason Fried）和戴维·海涅迈尔·哈森（David Heinemeier Hansson）对他们的团队赞不绝口，从哥本哈根到爱达荷州的考德威尔，Basecamp 的员工遍布世界各地。"优秀的人才无处不在，并不是每个人都想搬到旧金山、纽约、好莱坞或任何公司总部所在地，"他们在 2013 年出版的《远程办公》（Remote）中写道，"远程工作让团队获得更大的自由空间，无论在哪里都能充分发挥他们的才能。"

互联网就像是化学物质泄漏，慢慢溶解了工作场所与物理空间之间的连接。2009 年到 2019 年，数字游民的数量增长了 140%。即使在施乐和戴尔这样的《财富》500 强公司，截至 2016 年，也有近一半的全职员工有过远程工作的经历。一项调查发现，在 2019 年，有 43% 的美国公司允许员工远程工作。

当然，并不是每个人都喜爱远程工作的方式。当谷歌发言人尼基尔·萨瓦尔（Nikil Saval）被问到，谷歌作为一家科技公司是否允许员工远程办公时，他脱口而出："不，我们不鼓励这样做。"尼基尔在2014年出版了《隔间》(*Cubed: A Secret History of the Workplace*) 一书。2013年雅虎首席执行官玛丽萨·迈耶（Marissa Mayer）高调取消了公司11 500名员工的远程工作权利。她解释说："一些最好的决定和见解都来自走廊和自助餐厅的闲谈、结识到新朋友和即兴的团队会议。"

不过潘多拉的魔盒一旦打开，就很难回到从前。既然可以选择在世界上任何地方工作，特别对于千禧一代和Z世代来说，他们宁愿更换工作或放弃休假时间，也要选择这种工作与生活方式。如果需要在两个工作机会之间进行选择，有77%的求职者认为可以远程工作绝对是最佳的福利。

疫情使四海为家主义发展更迅速了。2020年3月，为了对抗疫情，世界各地的许多办公场所都关闭了大门，大约1.75亿美国人开始坐在家里的沙发上、在宜家购买的办公桌上远程办公。根据牛津大学的一项分析，超过一半的美国劳动力从事的113种工作都可以有效地远程完成。因此，即使在疫情期间，就像席琳·迪翁（Celine Dion）的《我心依旧》一样，工作也依旧。当盆栽植物在办公室搁架上枯萎，当金枪鱼三明治已经在办公室的厨房里发霉的时候，员工们最终找出对策——在家里敲打着笔记本电脑，使用Slack①与同事一起工作。

也不是所有人都认为非常时期的远程工作比面对面工作更好。很多人的工作被家庭生活打乱，特别对有孩子的职业女性来说更是如此：孩子们抱怨

---

① Slack是一款企业聊天工具，提供邮件、短信、搜索等几十种服务。——编者注

在线课堂的各种问题，伴侣不小心衣着不得体地出现在Zoom的会议画面上。不过，尽管存在着各种混乱，一些人发现他们还是更喜欢远程工作。在摆脱通勤的辛苦、办公室的人际冲突之后，生活突然有了很大的自由空间。一些人感觉工作更有效率了，更多的人认为他们终于可以平衡工作与生活了，比如他们可以在中午带着狗去散步了。

最为重要的是，许多刚刚开始远程办公的人发现他们很珍惜能够选择工作地点的自由。随着工作和学习都可以远程进行，已经没有什么能把人们限制在特定的地理空间。城市的公寓电梯，以及更像是"细菌工厂"的地铁车厢让人们感觉不安全，人们将自己塞进房车，开始到国家公园里探险，疫情期间房车的销量猛增了53%。人们开始预订那些广告词里宣称适合远程工作的酒店和度假屋。

有些员工甚至没有提及他们一直在旅行。一位远程办公的职员告诉我，他都没有注意到一位同事几个月以来一直都在旅行。这位同事在Zoom视频会议中使用了虚拟背景，让其他人没法发现她每隔几天就换一家爱彼迎[①]公寓。

在疫情期间，估计有10%的美国人离开了原来的住所。很多人为了应对疫情的某些挑战选择了临时搬迁。例如，人们开始感到住在一个小小的城市公寓里、每天都盯着相同的四堵墙太让人崩溃了。

广义来说，疫情使得每个人都认真考虑自己生活的空间。最重要的是什么？要有一个庭院吗？住在好的学区，还是住得离家人更近，改变几个月都见不到家人的状态？这次疫情绝对是一个转折点，大约有46%的美国人都

---

① 爱彼迎（Airbnb）是一家联系旅游人士和家有空房出租的房主的服务型网站。——编者注

重新评估了他们的居住地。普遍而言，人们都想要更大的空间、更便宜的价格。美国各地的房地产市场也随之变化：在奥斯汀、菲尼克斯、纳什维尔和坦帕这种房价便宜、一次能付清全额的阳光地带，其 2020 年的房产销售额高出了全国平均水平的 25%。

在疫情期间，选择搬家的人假定疫情结束后远程工作将会继续，而略微谨慎的人则正在等待远程工作成为常态的时机。一项针对旧金山湾区居民的调查发现，34% 的人表示他们可能会在两年内搬出旧金山，而当他们真的可以选择远程工作时，这一数字增加到了 46%。根据 2021 年爱彼迎的一项调查，高达 83% 的人表示，如果可以远程工作，他们将选择搬家，有 20% 的人已经搬离了原来的居所。

一旦尝试过远程工作，人们就会很喜欢这种工作方式。2019 年的一项调查显示，99% 的线上工作者表示他们希望在退休前，至少可以有一部分时间保持远程工作的状态。在疫情之前，数以百万计的人从未想过他们可以在家工作，而现在他们非常享受这种状态，事实证明他们可以长期在办公室之外完成工作。还真找不出什么理由要他们回到办公室去。

这种形式迫使很多公司开始努力转型，如 Twitter、Shopify、美国全国保险公司和富士通。根据 2020 年的一项小型调查，82% 的公司领导者计划让远程办公成为疫情后的一项常规福利，近一半的公司表示他们会让员工保持完全线上的状态。例如，客户关系管理的云服务公司 Salesforce 宣布全面取消办公室。"朝九晚五的这种工作方式已经过时了，"Salesforce 总裁布伦特·海德（Brent Hyder）说，"员工的福利不应仅仅是乒乓球桌和零食。"越来越多空荡荡的办公室促使伦敦金融城宣布了一项转型计划，预计到 2030 年，部分闲置空间将改建成 1 500 套新住宅。2021 年，美国办公室闲置率攀升到了

16.4%，为 10 年来的最高水平。

面对这种变化，包括亚马逊和苹果在内的一些公司却把线下办公作为硬性要求，并比以往更加重视线下办公。但能够远程工作，或者可以选择工作地点和方式，对员工来说则是一种更好的模式。正如远程工作协会（Remote Work Association）主席劳雷尔·法勒（Laurel Farrer）解释的那样："人们在说，'嘿，我不必再开车两个小时进城了，我也不必起个大早，把孩子送到日托中心。我很高兴能在白天看到孩子'。生活方式也发生了一些小小的改变，比如，'我更健康了，更容易掌控自己的工作时间了，而且变瘦了'，所有这些变化使工作和生活更易于平衡和管理，员工也对工作感到更加满意。"

毫无疑问，疫情为四海为家运动引燃了导火索。实际上在疫情之前，几乎一半的千禧一代是自由职业者，其中 73% 的人表示他们会坚持选择这种工作方式。20 多岁、30 多岁、工作不久的人更喜欢自我掌控，相比于高层管理者，他们更注重体验。或许当这些员工晋升到管理层时，他们将会给工作场所引入远程办公的福利。

地点自由的工作也不意味着员工可以选择住在任何地方。在许多公司，税务规则或混合型远程工作（也就是一些工作需要在办公室完成，一些可以远程完成）会限制工作地点的选择，员工需要住在公司总部所在的州，或者离办公室几个小时的车程以内的地方。如果你是真的想要做全职的数字游民，明智的做法是尽早与老板（也可能是你的会计师）商讨可行性。

四海为家充满了吸引力。你不一定要说服老板同意你移居到蒙大拿州工作，甚至不必远程工作或线上工作。**事实上，只要你知道自己可以选择在数百个不同的城镇中工作，就已经是一个数字游民了。**

> **数字游民的职业**
>
> 数字游民的职业完全与地理位置无关,只要可以连接互联网,在任何地方都可以完成工作,比如以下职业。
>
> | | | |
> |---|---|---|
> | 软件开发工程师 | 金融分析师 | 贷款专员 |
> | 客户经理 | 社交媒体运营 | 编辑 |
> | 会计 | 网页设计/开发人员 | 人生导师 |
> | 业务经理 | 计算机系统分析师 | 职业顾问 |
> | 客户服务总监 | 招聘专员 | 社交媒体博主 |
> | 客户服务代表 | 口译员/笔译员 | 电子商家 |
> | 艺术家 | 英语教师 | 摄影师 |
> | 企业家 | 数据录入员 | 摄像师 |
> | 助教 | 销售经理 | 财务经理 |
> | 虚拟助理 | 平面设计师 | 研究分析师 |
> | 作家 | 内容总监 | 行政助理 |
> | 产品经理 | 用户体验设计师 | 社工 |
> | 市场经理 | 用户界面设计师 | 人力资源专家 |
> | 课程设计师 | 技术写作人员 | |

我们都是数字游民

当珍妮·艾伦(Janee Allen)发现全国各地的学区都雇用学校阅读专家时,她选择了自己最喜欢的地方,从加利福尼亚州搬到了北卡罗来纳州,并在那里找到了一份工作。

我身安处是职场
IF YOU COULD LIVE ANYWHERE

凯蒂·林肯（Katie Lincoln）和马修·林肯（Matthew Lincoln）从医学院毕业后，需要选择未来居住的城市。他们最终来到了宾夕法尼亚州的小镇，这不是因为他们像"笔记本电脑战士"一样可以在各地的咖啡店登陆 Zoom，而是因为全球各地都需要医生、律师、会计师、护士、教师这样的职业，所以他们几乎可以在任何地方找到工作。当学业结束需要选择未来工作地点时，他们就已经是一个数字游民了。

从这个意义上说，**我们在人生的某个时刻都曾经是数字游民，或者将要成为数字游民**：选择大学的时候、毕业的时候、接受新工作的时候、回到研究生院继续深造的时候、改变职业的时候、开始创业的时候、退休或实现了财富自由提前退休的时候。无论你以什么为生、工作有多大的灵活度，在某个时刻，你都必须想清楚自己希望人生的下一个历程在哪里开启——这是一个数字游民要考虑的真正问题。

一些数字游民对于选择居所这件事既爱又恨，因此他们选择了一直漂泊。比如，凯文·万库兹（Kevin Vankookz）和丹尼·万库兹（Dani Vankookz）把西雅图的公寓以每月 1 350 美元的价格出租，然后开着一辆奔驰斯宾特房车在美国一边旅行一边生活。他们每月的生活成本在 1 500 美元左右。

其他数字游民从事可以变换地点的工作，这样他们就可以自由地选择住在一个喜爱的社区，就像居住在艾奥瓦州莱克城的作家和经销商达茜·莫尔斯比（Darcy Maulsby）所做的那样。对达茜而言，她喜爱的社区在她丈夫的乡下老家。这是一种工作地点与职业的逆向思考：他们知道自己想要待在哪里，于是规划出可以让自己留在那里的职业生涯。

也不是每个人都这么容易做决定。最近，我的朋友马特和梅根在为选择工作地点犹豫不决。他们只是暂时的数字游民，他们都是教授，梅根正在各地寻找工作。选择合适的城市和选择合适的工作一样重要，这对夫妇不得不考虑生活成本、孩子是否习惯当地的生活与学校、当地文化和气候条件等一系列令人抓狂的"鱼和熊掌"的选择。和决定孩子在哪里长大相比，选择一份薪水优厚的工作要简单得多。他们最终选择了奥斯汀。

在生命中的某个时刻，你可能闪过这种想法：何以为家？无论你以什么谋生，或者已经工作多久，你可能曾经问自己：哪里才是归宿？这是我们生命中很重要的事情，它不仅仅是居住地的问题，也关乎个人命运与身份认同。你选择的可能性越多，就越难做出决定。

找寻合适的居住地

最近在 Facebook 的一个群里，一位女网友发帖说："我目前居住在生活成本很高的地方，最近才发现我丈夫完全可以搬到美国任何地方，还能保持薪水不变！请问哪里生活成本低、阳光充足？最好还是相对自由的地方。我们现在在西雅图。"

多达 445 条评论蜂拥而至，从北卡罗来纳州的达勒姆、南卡罗来纳州的查尔斯顿、华盛顿州的塔科马、新墨西哥州北部、孟菲斯、奥斯汀、休斯顿、拉斯维加斯，一直到科罗拉多州的弗兰特岭。

像这样的讨论每天都在互联网上发生。对于那些可以自由选择地点的人来说，他们可能既高兴也惶恐。如何才能从 445 条评论中筛选出有价值的内容，比如阳光明媚、生活成本低、自由的地方？阳光、生活成本低、自由是最重要的吗？还有哪些因素可以让我们更快乐、更富有、更成功或更满意？

本书就是要探索这些问题，而且我也亲身经历过这些问题。从我离开华盛顿特区，不再坐在一座经过改造的 19 世纪联排别墅里做编辑的那一天起，我就开始了四海为家的生活。我在家做同样的工作，用网络发送电子邮件，将标记过的 PDF 文件发送给老板。之后的一年，我和家人搬到离华盛顿特区 3 500 千米的犹他州圣乔治市，我依旧从事编辑工作，后来成为当地城市杂志的撰稿人。在过去的 20 年里，我在各种地方办公：沙发、餐桌、卧室里的办公桌、病床旁边的塑料椅子。最近，我搬到了弗吉尼亚州的布莱克斯堡，房子里一个 6 平方米的房间是我现在的办公室，抬头看着窗外遛狗的人和 UPS 快递卡车飞驰而过，我经常陷入沉思。

布莱克斯堡这个小镇让我对人与地方之间的联结感到着迷。在 2012 年因为丈夫换工作搬到这里的时候，我非常不喜欢这个小镇。我的丈夫实际上不是一个能在任何地方工作的人，所以我们搬家，包括搬到弗吉尼亚州，都是由他的工作调动决定的。由于渴望在这个奇异的新世界中快速找到家的感觉，我开始了一系列行动，试图帮自己更快地扎根，比如开始散步、去农贸市场购物和在当地做志愿者。我发现自己的努力奏效了，我很快就有了"我喜欢这里"的感觉，这种感觉在科学研究中被称为"地域依恋"。我后来特地写了一本名为《这是你的归宿》的书，这本书是写给那些和我一样对自己的居住地充满矛盾的读者，向他们展现我开始地域依恋的心路历程。

本书的观点可以归纳为：**如果你无法选择居住地，那么你应该充分享受它的好处，应该做到既来之则安之。**

在接下来的几年里，我深入研究"地域依恋"，在和数百名离开家园的人和留在家园的人交谈后，我发现那些自由选择居住地的人和我有着截然不同的经历，这让我着迷。他们中的许多人努力做出正确的选择。很多人在选择居住地时往往非常盲目，他们仅仅关注那些一般人所认为的快乐因素，比如阳光明媚、生活成本低、自由，而没有合理的方法帮助自己厘清思路。当因为工作搬家、要在几个地方之间做出选择时，这往往是非常难的。那些可以在任何地方工作并因此生活在任何地方的人，他们是如何做出决策的呢？

我的核心理念是：**当我们决定选择一个城市的时候，任何城市都可以成为适合我们的地方。即使这样，我们也需要事先有计划、有策略。我想做的就是帮助你找出最优策略**，这样一旦你到了新的地方，就可以充分沉浸在"地域依恋"的幸福感中。

我发现，工作不依赖地点这种情况也改变了很多地方的游戏规则。以前可能从未被考虑过的小镇和城市为移居者敞开了大门。这些地方重新规划了当地经济政策，争相提供资源，为外来者提供更好的生活环境、职业发展、财务规划和情感支撑。在本书中，我分享了很多鼓舞人心的故事，讲述了各个地方是如何扶持和吸引数字游民和外来者的，包括了堪萨斯州、亚拉巴马州、爱尔兰和巴厘岛。

远程工作很有可能从根本上改变全球经济。它也可能改变你的生活，就像改变了赫布顿一家的生活那样。

2020年，赫布顿一家设计出了一个电子表格，用来筛选他们的备选社区，其中包括收入中位数、平均房价、税收负担、犯罪率和气候等因素。埃米喜欢温暖的地方，詹姆斯喜欢凉爽的地方。最初他们还没决定时，埃米和詹姆斯计划在工作之余沿着州际公路进行背包客式的旅行，但在2020年，他们的计划不得不全部取消。他们努力在谷歌地图上搜索，最后在候选名单中列出了肯塔基州、堪萨斯州、密西西比州、田纳西州等地。埃米说这很像使用约会软件：你可以进行大量的在线研究，但关键环节必须见面评估。

　　决定住在哪里对于埃米和詹姆斯而言是件令人抓狂的事情。他们为自己工作，因此在选择地点方面的任何评估参数都是围绕他们自己设定的。地球上大约有 1 万个城市，实际上他们可以选择其中任何一个。这是一个令人眼花缭乱的选择。当他们亲身体验的时候，田纳西州恰到好处地引起了他们的兴趣。他们选择了位于肯塔基州边境有着 13.2 万人口的克拉克斯维尔市，并最终在那里购买了一套房子，房间足足有他们在西雅图的 3 倍大，而每月生活成本不到西雅图的一半。他们于 2020 年 11 月入住，其后不到两周的时间，他们就买了一条狗。虽然养鸡需要获得城市的许可证，不过最终还是像埃米设想的那样，家禽也获许进入了他们的新家。

　　在这个过程中，埃米和詹姆斯很多时候不得不勇往直前。如果城镇选择错了怎么办？房子不合适怎么办？他们还应该继续寻找吗？不过，自从搬到克拉克斯维尔后，埃米说他们没有后悔。他们的新家确实有各种各样的问题，比如小得只能放一卷铝箔的抽屉。他们已经离开了西雅图，他们知道自己同时失去了很多，他们希望田纳西州的低廉生活成本能够让他们在那里久住，过上真正想要的生活。

现在你可以：

- ✅ 选择一份远程办公的工作；
- ✅ 与老板商讨允许自己远程办公；
- ✅ 寻找一个生活成本低的地方；
- ✅ 创立自己的公司；
- ✅ 提前退休。

第 2 章

世界那么大，
你去哪里看看

IF YOU

COULD LIVE

ANYWHERE

你是否：

- ✅ 对在哪里定居犹豫不决？
- ✅ 因为莫名其妙的理由搬到了一座陌生的城市？
- ✅ 对于搬家这件事，不知从何下手？
- ✅ 总是在选择居住地这件事上拖延？
- ✅ 一直考虑搬家却从未付诸实践？

第 2 章　世界那么大，你去哪里看看

莉萨·康明戈尔（Lisa Comingore）和朋友米歇尔住在佛罗里达州的塔拉哈西，她们住在这里主要是因为运气。18 年前，莉萨进入了当地的法学院，后来成了一名律师，米歇尔做了公务员，她们很喜欢佛罗里达州。

然而，她们经历了两轮乳腺癌发作、三场飓风，莉萨又在经济衰退中失了业，塔拉哈西渐渐失去了它的吸引力。当飓风"迈克尔"卷起一棵树砸到她们的房子时，"事情一件接着一件，"莉萨说，"老实说，我们完蛋了。"

在经历混乱和美梦幻灭后，她们想到了印第安纳州，比起佛罗里达州，印第安纳州就好像是闪着理性之光的灯塔。印第安纳州是莉萨和米歇尔长大的地方，她们年迈的父母仍然生活在那里，她们的好朋友也遍布全州各个地方。这两位女士突然意识到遵循理性才是正确的。"这似乎是明智的选择。"莉萨说。她们都准备好远程工作并决定于 2019 年 6 月搬回家乡。

不过，印第安纳州的生活与她们预想的相差太远。这么多年，她们在佛罗里达州没有经历过寒冷，而美国中西部的冬天冷得就像是天神发怒一样。莉萨很少去杂货店，但她每次去都觉得见到的人活得很痛苦，这可能是她内心的投射。接着疫情来袭，她们没法拜访朋友，也见不到家人。于是她们最初搬到印第安纳州的所有理由都不成立了。

现在该怎么办？搬回塔拉哈西吗？事情真的有那么糟糕吗？米歇尔尤其怀念佛罗里达州那像平底锅柄一般狭长的城市，那里有她深深的记忆。但作为能够探索世界的数字游民，她们又着迷于无限的选择，于是她们决定要去探索新的可能。坦帕现在成为她们的首选，同样被优先考虑的还有佐治亚州北部，那里有数千米长的徒步步道。"就好像我们可以住在任何地方，能够选择的地方实在太多了。"莉萨说。

事实上，莉萨认识的一些人对搬家这件事非常乐观。最近，她的一位朋友在 Facebook 上发帖称，他和家人马上要从印第安纳州搬到佛罗里达州的那不勒斯。当莉萨询问是什么让他们做这样的决定时，他说："哦，你知道我们喜欢探索全国各地的不同城市，我们每 5 年就搬一次家。"

为什么有一些数字游民对于搬家如此抓狂，而对有些人来说却压根不需要动脑？事实上，有 3 种不同类型的数字游民，每种类型对于地点、流动性和位置选择都有不同的策略。

第一类是漫游者。这类数字游民在大篷车里四处漂泊，他们的理想是把家里的三居室出租，背上背包说走就走。换言之，他们不愿意被约束，不愿意在一个地方定居。一旦他们可以自由地在任何地方工作，他们就会把"任何地方"演化成"每个地方"。他们的座右铭是：世界很大，我想去看看。

第二类是探寻者。他们对选择居住地特别认真，甚至有点较真。他们做研究，探索每个城镇。他们有可能搬到一个新城镇后，发现考虑不周，就再次搬家。他们不断寻找心中最佳的地点，这可能会让探寻速度减慢，但他们会不停探寻，直到找到最后的心仪地点。他们的座右铭是：**一定有个地方适合我，我会找到它。**

第三类是定居者。如果我们是在 19 世纪，定居者这个词展现给我们的是拓荒者在西部草原上定居的场景。这就是定居者，他们时常做出选择：有时搬到一个全新的地方，有时留在一个熟悉的地方，有时"卸甲还乡"。他们扎根在某个地方，可能是通过购买房产、创办企业、结交邻里或在当地做志愿者。**他们的座右铭是：此心安处是吾乡。**

从某种程度上说，这 3 种类型的数字游民更像是"我们住在哪里"这个问题的 3 个阶段。最开始，我们四处游荡；然后，我们寻找一个地方；最终，我们安定下来。这也很像是你在 30 多岁的时候约会，过程总是充满着意外。有时候，漫游者决定定居下来；探寻者决定放弃，并成为漫游者；定居者则开始四处漂泊。正如我在《这是你的归宿》中阐述的那样，没有适合每个人的城镇，只有当下适合你的城镇。随着生活不断变化，曾经非常合适的小镇可能不再合适。当我们重新审视我们的选址决定时，我们从定居者又变成了探寻者，之后又选择在某处定居。

这就是莉萨和米歇尔遇到的问题，她们还是惊异于朋友每 5 年搬一次家的生活方式。她们已经内在地成为定居者，不愿意再继续探寻，不愿再思考那些问题：离家人近吗？那里有朋友吗？会不会一场大雪就把她们困在家里好几个月？有方便的徒步步道吗？

"我不知道。"当我在寒冬腊月里与她和米歇尔交谈时，莉萨这样说。到底该选择在哪里居住像是一个巨大的卡通问号，始终悬挂在她们脑袋上。莉萨满怀期待地看着我，好像我能为她解决这个问题，告诉她选择在哪里居住。

"我也不知道。"我告诉她。

"我真希望你可以。"

几个月来,她们一直犹豫不决。她们发现自己并不喜欢印第安纳州,可又不太确定是否去其他州,或者回到佛罗里达州。

因此,她们苦恼着、探讨着,制作电子表格、分析预算,并计划花点时间到其他地方走访。"我感觉我们在玩旋转木马,试图弄清楚在哪里可以停下。"莉萨叹了口气。

做决定很难

当你成为一个数字游民,决定住在哪里的时候会面对成千上万个选择,你制定的筛选流程看上去不合常理、令人费解。你毫不犹豫拒绝了某个城市,因为……好吧,你也不太确定为什么。是你读过的一篇文章?一个朋友到那里出差之后讨厌那里?同样,城市吸引你的原因也是神秘的。为什么选择这里而不是那里?天知道为什么。

在 2004 年出版的《选择的悖论》(*The Paradox of Choice*)[①] 一书中,巴里·施瓦茨(Barry Schwartz)提到,无穷无尽的选择并没有给我们带来撞大运的感觉,反而会让我们不知所措、焦虑和无从思考。想象一下在鞋店里,有 3 000 种新款运动鞋供你选择。当你在足弓支撑、鞋底花样和价格中迷失时,选择的恩惠立刻变成了诅咒。在你走进鞋店之前,你很清楚自己要

[①] 心理学教授巴里·施瓦茨在《选择的悖论》中提出了一个革命性的观点:自由和选择对幸福很重要,但更多的自由和选择并不意味着幸福,甚至选择越多幸福越少。该书已由湛庐引进,浙江人民出版社出版。——编者注

什么。现在你几乎不记得自己在找什么。你用来权衡运动鞋的标准是否真的重要，或者只是一时迷失？你需要对每只鞋都说"是"或"否"，这让你不得不花大量的时间关注小细节。

更糟的是，研究表明，如果你一开始就有很多种选择，当你下定决心之后往往还是不太满意。你的意识深处在想："是不是另一双更好呢？"甚至你会想："是不是该看看第 3 001 双？"

作家帕特里克·麦金尼斯（Patrick McGinnis）在他出版的《错失恐惧》(Fear of Missing Out) 一书中解释说，"错失恐惧"和"更好选择恐惧"是一对"阴险双胞胎"。创造这两个术语的麦金尼斯认为"更好选择恐惧"实际上更糟。你拒绝做出任何选择，不管是晚餐点餐、选择电视节目，还是选择一个新的城镇，你总是担心在最后一刻出现更好的选择。与直觉相反，更多的选择往往会让你压力倍增、被各类选择困住。

自然，"更好选择恐惧"是一种富足的困扰，是生活在一个充满无限可能的世界里才会出现的情形。我们每天大概要做出 3.5 万个选择，这就不难解释为什么我们许多人感到决策疲劳。当不得不为鸡毛蒜皮的小事花费大量时间时，我们可能很难有心智或情感上的精力思考更重要的事情。

即便仅在有限的候选地点中做出决定，这个过程也会令人筋疲力尽。每隔三四年，丽娅·洛夫（Leah Love）和她的海军丈夫就会收到一份清单，上面列出了十几个世界各地的职位空缺，让他们可以决定下一次的定期换岗地点。2021年，丽娅集思广益，在一个军人配偶小组发帖寻求建议。她告诉我，在海军这个小圈子里，"虽然你没有在那个城市居住过，但是你知道其他人曾经居住过"。但是，席卷而来的不同意见让他们原本还算明了的清单变得更为复杂。最终他们搬到了罗德岛，不过这个选择让他们费尽了心力。

对于比丽娅选择更多的数字游民来说，决定下一阶段住在哪里是一件令人筋疲力尽的事情。"我那时候没意识到找一个地方住是多么伤脑筋，"埃米回忆道，"好吧，我可以住在任何地方，但我就住在这里了。"即使在搬到克拉克斯维尔之后，她和詹姆斯也感到恐慌，他们怀疑自己是否犯了致命的错误。

真正令人困惑的地方在于，没有人能够真正阐述清楚该如何选择居住地，没有固定的流程。这是一群数字游民在前行的过程中试图弄清楚的事情。

数字游民需要一套选址策略。

星巴克效应

"位置就是一切"，这句经典的房地产行业口号不仅对大企业适用，对数字游民也很适用。对于数字游民而言，大公司在选址过程中有一套标准的方法论，因此更具战略优势。

让我们来看看星巴克的选址策略。这个在 70 多个国家和地区经营 3 万多个网点的庞大商业体，在 1971 年的时候还只是西雅图派克市场街上的一家咖啡馆，现在已经发展成世界上最大的咖啡连锁店。星巴克是如何对连锁店面进行选址的？他们设计了一套选址策略，以得出星巴克最有可能成功的地点，这套选址策略是基于包含以下因素的数据分析制定的。

● **社区收入**。显然，店铺所在社区的家庭年收入中位数起码为 6 万美元。

- **年龄**。星巴克当然愿意挣80岁老人的钱，不过它的理想客户群体是18～40岁的人群。公司要保证店铺所在社区有足够的理想客户群体。

- **可见度**。星巴克的目标是店铺周边街道上每天有2.5万辆汽车经过，这才更有可能激起人们临时购买一杯拿铁的欲望。店铺位于上班族早晨路过的街道一旁会更好，因为人们更有可能在上班的路上买一杯咖啡，而不是在回家的路上。

- **临近商圈**。星巴克不是一座孤岛，这家咖啡巨头希望将其店铺开在其他生意兴隆的零售商附近，以吸引这个地方的客流。因为人们喜欢在工作之余出来喝杯咖啡，所以办公区附近、大学或工业区附近是更好的选择。

对于像星巴克这样的公司，制定选址策略前要明确自己的目标市场，也就是要明确在什么情况下消费者愿意为优质咖啡花更多钱，如何定位并吸引消费者群体。在大城市，你有时会每隔几个街区就撞见一家星巴克。这种感觉有点怪异：难道星巴克是要统治全世界吗？但创造这种熟悉感和逼走竞争对手也是星巴克选址策略的一部分。

星巴克非常擅长选址，仅仅因为它们的存在，就会对附近的房地产价格施加"星巴克效应"。美国地产信息查询应用程序Zillow的首席执行官斯潘塞·拉斯科夫（Spencer Rascoff）和首席经济学家斯坦·汉弗莱斯（Stan Humphries）在他们2015年出版的《Zillow对谈》（*Zillow Talk*）一书中声称，随着时间的推移，星巴克400米范围内的房产价值几乎可以翻倍。十几年以来，星巴克周边的房屋贵了96%，而稍微远些的房屋贵了65%。

有忠实铁粉的杂货店乔氏超市也引发了类似的现象。一项研究发现，乔氏超市附近的房屋售价几乎是折扣杂货店奥乐齐附近房屋价格的4倍。这引发了一股热潮：美国人希望住在乔氏超市附近，很多人在网上请愿，甚至还有一个Facebook群叫"把乔氏超市带到肯塔基州北部去"。但超市选址研究专家戴维·利文斯顿（David Livingston）表示，在乔氏超市的网站上填写"请在我的城市开一家乔氏超市"表格不太可能有作用。"他们不会根据申请表格开店，因为每个人都想要一个乔氏超市。"他在宾夕法尼亚州的晨报上告诉那些乔氏超市的忠实铁粉，"乔氏超市只会开在居民受过良好教育且可支配收入高的社区。"

我不建议你将咖啡店或杂货店的选址策略作为搬迁决策的最佳指南。相反，你可以制定自己的选址策略，重点关注那些有助于你成功的地理要素。为此，你需要明确自己的美好生活愿景，以及精挑细选一个帮助你实现这个愿景的地点。

制定你的选址策略

那么，你到底该如何选址呢？选址的过程可能是冷静客观的，也可能是情绪化的，可能经过缜密思考，也可能承受着压力或充满希望。任何正在做这一决定的人都一样。

- 一些数字游民使用电子表格。

- 有些人就像掉入无底洞一样在互联网上搜索信息。

- 有些人询问了住在某个城市的所有熟人。

- 有些人严谨地实地考察。

- 有些人投硬币来做出决定。

- 有些人祈祷。

- 有些人希望他们能待在原地。

调查发现，大多数数字游民在选择搬去一个新的地方时都比较务实。他们关心的是一般人都应该关心的事情：优质的学校、不错的医院、负担得起的房价。然而，为了写这本书，我采访了100多人，我通常会问是什么吸引他们来到现在的地方生活，答案往往出人意料。"离家人近"还算是合理的回答。还有这样的理由："我喜欢这里的气候""这里有很棒的徒步步道""我喜欢这里的艺术氛围""这里税收比较低"，甚至是"我只是想来看看"。

就像埃米那样，想有一块成本低廉的土地养鸡，这似乎合情合理。但和其他因素放在一起，养鸡这件事的权重有多少？与气候或生活开支比起来，养鸡更重要吗？对现在还没有孩子但将来可能有孩子的夫妇来说，养鸡的优先级是否应该比好学校更高？

也许你正在考虑社区的基本要素和基础设施，但你常常不知如何给这些竞争要素排序。人们告诉你应该更关心公共交通而不是能否养鸡，但就情感而言，养鸡却牢牢地排在决策阶梯的顶端。

更令人忧虑的是，你不是星巴克，你无法在世界各地开店。只有大约6%的美国人拥有两套房子，而大多数美国人还在为第一套房子奋斗。光想想这个就令人惴惴不安了。

尽管在成为数字游民之前，埃米和詹姆斯已经准备了好多年，打算搬离西雅图，但真的面临那么多选择的时候，恐惧感却袭来。"必须在这么多选择中做一个选择会使人非常焦虑。"埃米说。

有一些情形会导致决策无效，比如你有一种想要快刀斩乱麻的冲动或者为了避免崩溃而尽可能推迟做选择的时刻。

你该如何制定自己的选址策略？在本章的剩余部分，我们将一起完成一些练习。这些练习可以帮助你了解什么因素对你而言最为重要。说起来容易做起来难，没有人能告诉你该怎么想，就连我也不行。你必须深思熟虑，弄明白哪种社区最适合你，以及你的伴侣、孩子或其他将与你一起搬家的人。

首先，你最应该弄清楚的是你是否真的要搬家。下面的第一个练习可以帮助你解决这个问题，然后你可以通过练习一到练习五来思考更多细节。

练习一：你真的要搬家吗

成为一个数字游民并不意味着必须离开自己居住的地方。你可以住在任何地方，包括你现在居住的城市！

然而，诱惑一直都存在，就像蚊子一样在耳旁嗡嗡叫个不停。不过你确实应该好好考虑搬家对你和家人来说是否正确。下面有一些问题可以帮助你思考这件事。

第 2 章　世界那么大，你去哪里看看

- 你现在是否有令人信服的搬家理由？或者，你是否有令人信服的不搬家理由？

- 你多久会动一次搬家的念头？

- 你有心仪的地点吗？

- 如果留在原地，你能想象出 5 年后自己的样子吗？那 20 年之后呢？

- 你感觉搬家更适合当下的自己，还是更适合你希望成为的自己？

- 你当下最主要的情绪状态是什么？喜悦？愤怒？平静？紧张？振奋？你认为搬到其他地方情绪会有所改变吗？当前的环境是如何引发这些情绪的？

- 搬到现在的地方之后你发生了什么变化？你感觉比以前更好了吗？

- 这里有什么让你很开心？这里让你开心的事情多吗？

- 这里最让你不满意的 5 件事是什么？其中哪件会迫使你搬家？

- 你确定现在最大的烦恼不会在新地方重现吗？

- 你是在逃避不喜欢的事情还是追求让你激动的事情？

- 你负担得起在当下住所的生活吗？

- 如果你下周就离开，你会想念社区中的什么人？

- 此时此刻，你居住的地方是否提供了你需要的或想要的？

- 住在这里，你能否实现个人目标和理想？

我身安处是职场
IF YOU COULD LIVE ANYWHERE

- 你的家人对搬家有什么看法？他们会支持你吗？如果不支持，有什么潜在的好处值得他们克服暂时的不快？

- 你为什么会觉得在其他地方生活会有所不同？不长途搬家是否也可以实现生活中的一些改变？是不是搬到社区的另一所房子就足够了，而不必搬到另一个地方？

- 搬家有什么风险？例如，失去当地的人脉或社交资源。如果不搬家会有什么风险？例如，也许没法离家人更近或存不下钱。

- 想象一下：如果搬家或不搬家，你可能各会有什么遗憾？

- 如果你列出搬家和不搬家的利弊清单，哪个会更长？

这并不是 ChatGPT[①] 问答，因此不可能输入信息就能获得即时的回复，告诉你该不该搬家。但是，思考这些问题的过程有可能会唤起你的感受并且激发你的思考，帮助你了解在搬家与留下并加倍努力融入社区之间，哪一个收益更大。

如果你决定现在不搬家，那非常好。这本书只是一个参考，继续生活，尊重深思熟虑后做出的决定。活在当下。

如果你依然困惑，没关系。完成接下来的练习，看看思路是否变得更清晰。

---

① ChatGPT 是人工智能技术驱动的自然语言处理工具，已于 2022 年底在北美地区开放给普通用户，想了解更多关于 ChatGPT 的信息，可参阅领英创始人里德·霍夫曼（Reid Hoffman）的《GPT 时代人类再腾飞》一书，该书已由湛庐引进，浙江科学技术出版社出版。——编者注

练习二：你的居住历史是什么

你很有可能已经在几个地方居住过，这些经历可以给你提供一些线索，让你对自己喜欢什么、不喜欢什么有直观的感受。

- 首先按时间顺序列出你住过的所有地方。你可以写在纸上或者使用在线文档，也可以从网站上下载免费的工作表格来完成这个练习。

- 对于你住过的每一个地方，写下那个地方使你想到的第一个词。当你想到那个地方时，你会感到温暖、安全，还是惊慌失措、郁闷，或者怀念、憧憬，甚或欣喜若狂？自然，你想到的任何事情都会与你在那里生活时的经历交织在一起，这些经历或好或坏。想到住在那个小镇时你父母离婚了，这可能会让你有些悲伤，不是因为那个地方很糟糕，而是因为你生命中的那段时光很糟糕。不用花心思将这两者分开。现在，只需要捕捉当你想到那个地方时脑海中浮现的感受就好。

- 深入探究这些地方让你开心的感受。也许是 20 岁在巴黎作为交换生感受到的浪漫，或者在艾奥瓦州的小镇上体验到的质朴。

- 想想这些地方有什么让你非常不舒服。比如虽然你很喜欢巴黎，但是讨厌巴黎人犀利地评判你的衣服。想想你过去住过的地方，哪些事对你没有好处。

- 归纳一份爱／恨清单。也许你会注意到自己最好的经历总是发生在大城市，或者你有关一个地方最快乐的记忆都是与家人在一起。看看你可以在自己的居住历史中得出什么线索，以整合到未来的选址策略中。

练习三：你的选址价值观是什么

当我们将价值观应用于决策时，生活中的大多数重要决策都会变得更容易。在安妮·博格尔（Anne Bogel）的《别想太多》一书中，她描述了决定将孩子送到哪里上高中的心路历程。起初她在两所学校之间犹豫，后来她想起自己的一个核心价值观是睦邻友好；她之所以选择他们现在的居所，正是因为这个社区小、睦邻友好且适合步行。这一下子让选择变得清晰，于是他们选择了离家最近的学校。

同样，当我们决定住在哪里的时候，明确和应用我们的价值观，选址策略会更加清晰；依据对我们至关重要的价值观做出的决定，我们会更加满意。

从以下列表中，选出对你的选址策略最重要的 5 项。或者，如果你愿意，可以依据对生活的重要程度对以下所有项进行排序。如果想到其他价值观，你也可以添加到自己的列表中。

富足	信仰	卓越
成就	承诺	公平
冒险	合作	创造力
志向	社区	公民参与
自主	贡献	灵活
平衡	协作	友谊
美丽	家庭	乐趣
归属	文化	慷慨
冷静	豁达	成长
宽容	环境	幸福

健康	多样性	服务
独立	有所作为	简单
个性	和平	灵性
喜悦	力量	稳定
善良	意图	成功
领导	准备	工作
学习	认同	传统
爱	关系	愿景
独创性	安全	自我控制
动机	福利	团队合作

练习四：你心目中的理想居所是什么样的

在奇妙的哲学情景喜剧《善地》(The Good Place)[①]中，地球上刚去世的人居住在一个假想的天堂中，那里有无限量的冷冻酸奶和很多派对。尽管事实证明那里绝对不是理想的居所，不过这部剧给出的思想实验还是有帮助的！

如果你是自己理想居所的建筑师，你会如何设计它？它是什么样子？有多大面积？当地有什么食物？你会和什么样的人住在一起？你会有什么消遣？构成你理想居所的元素有哪些？你可以使用练习二中的内容来思考一下哪些类型的社区才真正是你心目中的理想居所。

---

① 《善地》是一部电视连续剧，讲述一个女人逃离"善地"并试图拯救人类的故事。——编者注

但是，满足你心目中理想居所的城市并不存在。不过，通过详细地想象一个能满足你所有美好愿望的地方，你就更有可能知晓自己寻找的城市特质。

练习五：什么对你更重要

既然你已经想象出自己最满意的生活，就开始制定策略去实现它。你必须拥有廉价的住房吗？必须住在排名靠前学校所在的学区吗？必须有宜人的天气吗？如果你不能拥有一切，哪些要素必须留下，哪些可以放弃？

如果你正处于选址的开始阶段，为了弄清楚哪些要素是至关重要的，哪些要素是锦上添花的，你可以使用下面的列表来多问自己一些问题，比如，X 对我有多重要？我真的在乎 Y 吗？按重要性排列这些要素。

如果你正在为选址而苦苦挣扎，为了更好地厘清思绪，请根据对你未来居所的重要程度给每个要素从 1 到 10 打分，创建一套自己的排名体系。1 表示这项要素可有可无，10 表示这项要素绝对至关重要。

这些要素分数的高低本身没有对错之分。我将在本书后面深入探讨为什么有些要素比其他要素更能影响居所的满意度，但现在，相信自己的直觉，明确你想要什么。

基本要素

- **基础设施**。当地的道路、高速公路、桥梁、下水道、供水和电力线路是否运转良好？社区有充足的公共服务资金吗？社区是否负担得起提供相关服务？

- **互联网**。有光纤或宽带吗？当地的互联网速度有多快？有 5G 网络吗？网费是多少？

- **安全**。该地犯罪率有多高？警察是否能够有效执法？

- **医疗**。距离提供紧急治疗的医疗设施有多远？是否有专业护理？该地是否配备了足够多的高素质或经过专业培训的各门类医生，可以满足你的需求？

生活成本

- **总体生活成本**。该地物价高吗？和你现在住的地方相比呢？在全国范围或全球范围内呢？

- **住房成本**。你是否负担得起平均租金？你是否买得起房？市场上有多少经济适用房？

- **住房状况**。房屋看上去什么样？你能否买得起自己心仪的额外设施，如后院或地下室？

- **税收**。你需要交多少税？

- **其他费用**。你能否负担得起其他事项，比如外出用餐或娱乐？是否还有未计入的费用，如电费或取暖费？

环境

- **气候。** 该地属于什么气候？是否有极端的天气变化？未来 10 年或 20 年气候将如何变化？全年的平均温度、最高温度和最低温度是多少？降水量通常是多少？该地有让你过敏的气候因素吗？

- **自然灾害。** 这个地方容易发生什么灾害？这些灾害经常发生吗？该如何应对？是否需要买洪水保险或在野火频发季节暂时离开？气候变化是否会在不久的将来对这里产生影响？

- **自然景观。** 当地的自然风光如何？该地的风格，包括建筑样式是否足够吸引你？离海滩或者山脉有多远？花草树木是否遍布自然区和人工建造区？

- **户外设施。** 有便捷的户外休闲场所吗，比如步道、河流、公园或湖泊？它们看起来怎么样？对你有用吗？

- **可持续性。** 有便捷的回收站吗？是否有可替代能源，如太阳能、风能？有电动汽车充电站吗？

- **空气质量。** 空气清洁度如何？是否有持续的污染源？饮用水干净吗？

人

- **人口。** 现有居民数量是多少？该地人口密度如何？

- **与亲友的距离。** 距离你生命中重要的人，如父母、祖父母、兄弟姐妹、成年子女、最好的朋友、多年的大学室友有多远？

- **人口统计**。居民的平均年龄是多少？已婚人士多还是单身人士多？生育率是多少？老年人的比例有多高？

- **多样性**。社区是否在各种方面，如文化、民族、社会经济差异等方面具有多样性？你在社区中是属于大多数还是少数人？该社区对于像你这样的人有多包容？对和你不同的人有多包容？

- **人脉**。新人如何融入该地，有俱乐部或社区活动吗？人们通常在哪里聚集？你认为在该地结交朋友有多困难？

- **关系**。如果你是单身，适龄人群有多少？有潜在的约会对象吗？有什么结交朋友的好办法？

- **性格**。当地人怎么样？他们更看重什么？你认为和他们有共同语言吗？

交通运输

- **公共交通工具**。是否有经济、方便且可靠的公共汽车或地铁？不开私家车的话出行方便吗？

- **交通**。是否经常堵车？去你需要去的场所是否要走高速公路？

- **可步行性**。是否可以步行或骑自行车到达你需要去的场所？

- **无障碍**。残疾人或其他使用轮椅的人在此地生活是否便捷？

- **与主要机场的距离**。最近的国际机场有多远？这个机场是枢纽机场吗？去机场的交通成本是多少？

工作与教育

- **教育。**当地学校怎么样？学校排名如何？为有特殊需要的儿童准备了哪些项目？

- **课外活动。**是否有适合儿童和成人的活动，如课程、营地和体育项目？

- **商业环境。**是否有人脉资源或职业发展的机会？该地经济是否充满活力并处于增长期？对新人是否友好？

- **同僚。**社区里是否已经有人做了你想要做的事？有共享办公空间吗？

- **就业市场。**该地是否有线下工作的机会？当你的孩子足够大时，他们是否能在放学后或者暑期找到一份兼职？

- **大学。**附近有大学吗？它是否提供继续教育的课程？校园里有公开课和音乐会吗？

- **认证。**你是否需要新的认证或执照才能在该地工作，比如教师资格证或律师资格证？

- **图书馆。**公共图书馆是否资金充沛、库存充足和运转良好？

- **托管服务。**这里提供什么样的托管服务？费用是多少？是随时预约还是需要排队等候？

休闲娱乐

- **健康**。在你喜欢的休闲活动上,这个地方投入了多少空间和资金?能否找到合适的场所让你按照自己喜欢的方式锻炼?

- **食物**。是否可以在这里获得你喜欢的食物和用餐体验?是否有健康的餐饮文化?是否方便购买你经常使用的食材?是否有热闹的农贸市场?食材是否来自当地?是否方便种植自己的食物?是否有你喜欢的杂货店?

- **文化**。是否有很多电影、音乐会、艺术展览、戏剧或现场演出?票价如何?

- **购物**。你能在该地买到需要、想要或喜爱的物品吗?

- **靠近都市圈**。离最近的大城市有多远?这座大城市有什么服务设施?

- **参与当地活动的机会**。在该地申请做志愿者或者竞选公职的机会多吗?参与其他活动的可能性有多大?

- **乐事**。你能在该地做令你快乐的事情吗?比起你现在居住的地方,做这些事是更难还是更容易?

制定一个选址策略就像规划人生的终极目标一样令人不安,因为它不仅仅是选择一个城市这么简单,这是一场关于自己是谁以及想要什么的思考。如果你完成了本章的练习,你就已经做了一些严肃的情感劳动来审视你的感受、经历、身份、价值观、目标和欲望,对最适合自己的地理位置和生活方式有了更深刻的认识。

在第 3 章中，我们将更多地讨论如何将这些认识转化为方案落地，包括如何与你的生活伴侣协商分歧。但你现在仍需要思考一个问题：作为可以在任何地方工作的人，你走到哪里，你的职业生涯就会在哪里继续，**选址策略既是你的人生规划，也是你的职业规划**。两者应该如何融合，这值得深思。

现在你可以：

- 列出搬家和不搬家的利弊清单；
- 制定自己的一套选址策略；
- 明确自己想要过什么样的生活；
- 明确自己需要什么才能过上想要的生活；
- 将对自己重要的事情排出一个优先级。

第 3 章

你在哪里，
工作就在哪里

IF YOU

COULD LIVE

ANYWHERE

你是否:

- 正打算开始自己的职业规划？
- 为无法完全区分家和办公室而苦恼？
- 认为居住地对数字游民的工作没有影响？
- 很难在远程工作中保持快乐和全情投入？

俄勒冈州有一个小镇叫里莫特。好吧，称它为小镇可能略显牵强。里莫特是俄勒冈州西南部的一个小村庄，一些人零零散散地居住在这里，他们的商店、加油站和邮局聚集在 42 号公路上，这条公路可以说是他们的文明中心了。

然而，在 2020 年的一段时间里，俄勒冈州的里莫特无意间成了"美国就业之都"。布赖恩·费尔德曼（Brian Feldman）注意到了一个奇怪现象，当在领英或 Monster 等求职网站重新发布远程工作清单时，远程（remote）这个词将自动与里莫特（Remote）匹配。

当然，这只是数字抓取工具出现的一个技术错误。"除非成千上万的公司都在里莫特的三座大楼之中的某一座运营，因为如果不是高速公路经过，大概没有人开车路过里莫特。"费尔德曼写道。但如果有人在被聘为奈飞的全栈工程师后，误以为自己要收拾行装搬到科基尔河沿岸的这个小地方，他或许会有一瞬间的喜悦。

我很愿意假设一种情形，成千上万的人按照工作要求搬到了俄勒冈州开始他们的新工作。这都无关乎选择：**工作就在那里，你去就好了。**

然而，那些远程工作者可不那么幸运，他们必须想清楚两件事：最合适的居住地点和最合适的工作地点。他们不只是选择了一个适合居住的地方，同时也选择了一个可以兼顾工作的地方。

地点悖论

如果可以在任何地方工作，那在何处工作就不是一个公认的重要问题。正如作家丹尼尔·平克（Daniel H. Pink）① 指出的：“当任何地方都可被选择的时候，特定的某个地方就变得无关紧要了。”

50年前，必须你本人踏入大学，才能获得大学学位。现在，有大量在线课程可供你选择，压根不需要你本人出现在校园里，你就可以获得千里之外的大学授予的MBA学位。同样，你曾经从事全职工作，需要坐在格子间里办公。人必须出现在工作场所，这是强制规定。现在，不管你是在蒙大拿州博兹曼还是澳大利亚布里斯班，你只要加入Zoom会议，设置虚拟背景后没人知道你在哪里。高速的互联网可以跨越任何距离，工作场所已经全部得到数字化，实体办公室已经变成了自家公寓。地理位置已经变得模糊了，有谁会在乎你在哪里工作呢？在哪里都一样。

作家斯蒂芬妮·斯托里（Stephanie Storey）在2015年出版了她的处女作《油画和大理石》（*Oil and Marble*），这是一部关于达·芬奇和米开朗琪

---

① 丹尼尔·平克是著名趋势专家、未来学家、全球最具影响力的50位商业思想家之一，他的GPT时代全新个人能力系列四部曲《驱动力》《全新思维》《全新销售》《憾动力》已由湛庐引进，中国财政经济出版社出版。——编者注

罗的惊悚小说，好评如潮。同年，斯蒂芬妮卖掉了她与丈夫迈克·甘多尔菲（Mike Gandolfi）在洛杉矶的公寓，并开始了漫游生活。

对于这对夫妇来说，这是一次启程。他们这些年来一直住在好莱坞附近，这对迈克的工作更为便利，他是一名情景喜剧作家和演员，同时也方便斯蒂芬妮做脱口秀节目的自由制片人，如阿瑟尼奥·霍尔（Arsenio Hall）的脱口秀。但近些年来，他们发现需要在加利福尼亚州录制的电视节目越来越少，而很多机会出现在温哥华、亚特兰大和纽约等城市。"你永远不知道你的下一部作品将会在哪里拍摄。"斯蒂芬妮说。她计划在前往欧洲构思下一部小说之前，进行一场全国旅行，自筹资金进行图书签售，所以她想："为什么既要还房屋贷款又要付钱去做图书签售？"放弃固定的家庭住址，工作需要他们去哪里，他们就去哪里生活。

在随后的5年里，他们居住过很多地方。斯蒂芬妮和迈克大部分时间都带着行李箱住在爱彼迎的公寓或万豪酒店，因为他们对酒店品牌如此忠诚，所以他们总是知道如何使用酒店的电视遥控器。有时，他们会租公寓住几个月，比如当斯蒂芬妮在华盛顿特区为一家非营利组织处理合同的那段时间。作为四处漫游的小说家和演员，他们很认真地写旅行日志。他们一次又一次地去修理厂修理他们的车破裂的挡风玻璃，就像是游牧民族经常要修缮他们的帐篷。

疫情意外地给他们提供了一个喘息的机会，让他们停止不断的旅行，这使他们想起以前为什么要定居在一个地方。在阿肯色州斯蒂芬妮的父母家中，他们时常谈起疫情结束后是否安顿下来。无论他们选择博尔德（太小）、奥斯汀（太热）还是洛杉矶（频繁的地震、越来越长的火灾多发季节，还有像雪一样从天而降的灰烬），斯蒂芬妮知道他们都会喜忧参半，不过既可以定居也可以漂泊的这种状态让他们永远不必妥协。

另外，因为斯蒂芬妮和迈克总是在旅行，他们的选址策略清单上很重要的一条就是要靠近一个国际机场，这样他们就可以根据工作或生活需要继续奔赴遥远的地方。他们用行动定义了一种随处可以工作的漫游状态。

有3 620万美国人现在成了"地点不可知论者"，这一数字比疫情之前增加了87%，他们中的大多数期望到2025年可以实现远程工作。他们相信选择住在哪里并不影响工作，至少不是因为工作选择住在哪里。

但事实真的如此吗？在芝加哥做在线营销和身处清迈做同样的事是否存在本质的差异？住在南特给客户打电话和住在内布拉斯加州的一座小镇给客户打电话是截然不同的两种情况，还是根本没有区别，在哪里工作都行？

这就是地点悖论：在现代的工作环境中，地点似乎对我们的成功至关重要，也有可能压根没有影响，通常是两种情况同时存在。但有证据表明，**地点对工作的影响可能比我们以为的要大。**

居住地如何促进创新

几年前，一群哈佛经济学家提出了这样一个问题：在美国谁会成为发明家？

科学创新是美国经济增长的主要驱动力之一，研究人员希望找出任何更有可能促进人们进行创新的环境因素。通过分析1996年到2014年在美国提交的专利记录，经济学家们①建立了一个数据库，追踪了120万名发明家从出生到成年的经历，标记了每个人的种族、阶级、性别以及居住地。

令人沮丧的是，人口结构是重要的环境因素。白人孩子成长为发明家的可能是黑人孩子的3倍；热衷创新的男性是女性的4倍；父母收入排在前1%的人成为成功发明家的机会是父母收入低于中位数的人的10倍。这些结果并不令人惊讶。

不过这个研究的另一部分内容却更有意思：**在哪里长大对成为发明家真的有很大影响。**如果你家附近住着很多发明家，你有很多机会了解他们的想法，接触他们的创新。那么你自己也绝对有更大的可能性成为一名发明家。

地点甚至决定了你有可能提出哪类发明。如果在美国软件之都硅谷长大，那么你拥有计算机相关专利的概率就非常大；如果你在明尼阿波利斯长大，那里有许多医疗设备制造商，那么你的专利很可能是针对医疗设备的。

拉杰·切蒂和他的同事还研究了孩子成长的社区如何影响他们的收入流动性，例如与在加利福尼亚州或得克萨斯州长大的孩子相比，在密歇根州或内华达州长大的孩子收入不太可能超过自己的父母。这种联系似乎相当明显，而且已经有研究表明家庭收入差异会造成学生在学校里的表现差异。

这项关于发明的新研究与既有研究不同，它证明了我们生长的地方塑造了我们，哈佛经济学家称之为"暴露的结果"。我们生长的地方会影响我们的想法、我们感兴趣的东西、我们认为可行的事物，通过许多细枝末节的因

---

① 指亚历山大·贝尔（Alexander Bell）、拉杰·切蒂（Raj Chetty）、泽维尔·贾拉韦尔（Xavier Jaravel）、内维亚娜·佩特科娃（Neviana Petkova）和约翰·范·雷南（John Van Reenen）。

素，让一个人走上发明医疗设备而不是新计算机技术的道路。我们生长的地方塑造了我们的机遇。

你在哪里长大很大程度影响了你最终从事的工作，进而影响了你现在选择的居住地。当你的雄心壮志遇到一个适合培养它的环境时，魔法就出现了。

想象文艺复兴时期的佛罗伦萨是如何孕育和滋养它的居民的。所以达·芬奇和米开朗琪罗这样的伟大艺术家和思想家都来自佛罗伦萨的蜿蜒街道，也就不足为奇了。这个城市助了他们一臂之力。达·芬奇到底是在列支敦士登还是米兰萌生了《蒙娜丽莎》的创作灵感，我们无从知晓。不过即使从目前来看，他的成功也似乎与他工作的环境直接相关。这无疑告诉数字游民，你所在的地方会影响你所做的工作。

"如果连达·芬奇这种天赋异禀的人都无法战胜环境的力量，你认为你可以做到吗？"创业孵化器 Y Combinator① 的创始人保罗·格雷厄姆（Paul Graham）在他的同名博客上写道："你可能会认为，如果自己有足够的意志力去做伟大的事情，就能不受环境的影响，住在哪儿对你的影响最多只有几个百分点。但如果你追溯一下历史事实，地点的影响似乎远远不止几个百分点。"

个人的亲身经历也可以以意想不到的方式证明地点的影响。对我而言，在华盛顿这样的世界级城市开始我的编辑工作，这让我野心勃勃。但从另一个角度而言，城市过大，让我真正的目标更难实现。当我 20 岁出头住在那

---

① Y Combinator 是美国著名的创业孵化器，旨在扶持初创企业并为其提供创业指南。——编者注

里的时候，也有其他 480 万人住在那里。我知道自己想写作，但当地育儿杂志的专栏竞争激烈。而当我搬到更具田园风光的犹他州南部的时候，竞争不是那么激烈，我才鼓起了勇气，开始为一家当地杂志撰稿。最开始我没有什么声望，甚至薪水不高，但这份工作让我开启了写作旅程。

你生活过的地方以某种神秘的方式影响了你自己的职业道路。也许你压根没有意识到，你对工作的想法，包括做什么工作、如何实现、要花多少时间、有多喜欢这份工作，这些会深深地带着你生活过的地方的烙印。因此，从理论上来说，对于数字游民而言，选择在哪里工作对行为、情感、心理和财务好像不会产生影响，但事实是它确实会产生影响。

作为一个数字游民，如果你知道如何有效利用居住地当地的资源，全情投入，那么居住地确实能够助力你的成功：赚更多的钱，变得更有创意，建立有价值的连接，形成一个社交网络，更好地平衡工作与生活，寻求更大的个人满足感，做有意义的事情，从事你真正想要的职业并努力奋斗。

你居住的地方就是你的办公室

几年前，Facebook 聘请沃顿商学院教授亚当·格兰特（Adam Grant）找出激励这家科技公司员工的因素。是平均年薪 12 万美元，还是提供免费比萨和冷冻酸奶？到底是什么因素让员工可以在工作中保持快乐和全情投入？

通过筛选 Facebook 全球数千名员工的调查问卷，格兰特意识到员工工作的动力主要来源于 3 个方面：**职业、人员和目标**。

- 职业意味着你喜欢自己做的实际工作。员工希望在他们的工作中能学习、成长并且能提升他们的优势和技能。

- 人员意味着员工希望在工作中受到其他员工和上级的尊重和重视。他们希望同事可以像朋友一样、老板可以像导师一样。他们想要归属感。

- 目标意味着员工希望他们做的事情是有意义的。他们想做与他们的价值观和个人使命一致的工作,可以为世界做出积极的贡献。

格兰特的研究印证了美国盖洛普咨询公司对千禧一代的调查,调查结果刷新了我们先前对员工希望从工作中得到些什么的认知。首先,盖洛普研究人员发现,千禧一代想要稳定的薪水,与前几代人相比,他们受教育程度更高,背负的学生贷款债务更多。其次,他们也希望对自己的工作充满热情,他们希望自己在工作时能够得到指导和帮助,进而提升自己的优势和技能,并有助于个人成长。最后,如果自己做的事情能对世界做出某种积极贡献,他们将会获得最大的满足感。这3点正对应职业、人员和目标。

有趣的是,在格兰特的研究中,不仅仅是千禧一代或Z世代想要在职业、人员和目标上获得满足,他发现不同年龄组之间压根不存在显著的差异。最年轻的人更看重职业,这是因为他们正处于职业生涯开始阶段。随着人们年龄的增长,目标开始占据主导地位。"但总的来说,"格兰特在《哈佛商业评论》(*Harvard Business Review*)中写道,"不同年龄组之间表现出的差异很小,这不仅适用于在Facebook工作的人。在一项针对几代美国人的全国性研究中,千禧一代、婴儿潮一代和X世代拥有相同的核心工作价值观,并且对于职业、人员和目标有同样的重要性排序。"①

职业、人员和目标这3个因素很大程度影响了员工在工作中的表现是出色还是达不到绩效要求,不管他们是在纽约还是在吉隆坡办公,也不管他们是营销人员还是软件工程师。哪个因素占主导地位因人而异,但总体而言,大家对工作的诉求非常一致。正如格兰特总结的那样:"我们都希望找到什么(what)、谁(who)和为什么(why)。"

我们希望在工作中找到"什么"、"谁"和"为什么",但是大多数人并未实现。根据2020年的统计,对工作充满热情并全身心投入的美国人比例一直徘徊在36%左右;大约有15%的美国人在工作中"划水";在任何时候,都有大约一半的美国人考虑换工作或干脆转行。

很多人对工作不满意的部分原因可能是对工作的期望过高。我们想通过找寻"什么"、"谁"和"为什么"来获得幸福感和完整人格,而工作本身往往无法承受这样的重压。

然而,居住地也许可以。

对于数字游民来说,居住地担负着双重任务。这里既是家也是办公室。省去每天通勤的时间,不用在办公室连续待8个小时以上,你可以有更多时间待在自己住的地方。而且,你醒着的大部分时间都无须与同事一起度过,你可以花更多的时间与当地的朋友和邻居面对面相处。成为数字游民打破了居住地和工作场所之间的屏障,使居住地成为生活的中心。

---

① 婴儿潮一代(1946—1964);X世代(1965—1980);千禧一代(1981—1996);Z世代(1997—2012)。——编者注

那么，如果我们不再期望工作给予我们 100% 的对职业 - 人员 - 目标的满足感，而是开始在居住地寻找这种体验呢？如果我们转变思维，让至少部分动力和情感满足来自我们与居住地社区的互动，而不是仅从工作场所获取会怎样？如果开始把家看成办公室会怎样？

正如布雷特·麦凯（Brett Mckay）和凯特·麦凯（Kate Mckay）在某网站上所说，你可以把工作室开在你居住的地方，就好像为工匠配备他们需要的设备，以出色地完成工作一样。"当谈到打造非凡的生活时，"麦凯写道，"工作室就是住的地方。就像传统工匠一样，这个地方必须有合适的工具、环境，并且可以释放你的全部潜力。"

我不是建议你在大街上布置一个办公小隔间，或者在咖啡馆里你最喜欢的桌子上方悬挂励志海报。我的意思是，你应该开始将居住地视为辅助你职业生涯的资源。它可以使你更有信心，为你提供学习和成长的机会，使你的优势得以发挥，让你与当地的同事与导师互动，提升你的生活或职业满意度，促使你开始尝试新的事物，比如创业或做一个回馈社会的项目，还得帮助你省钱并且赚更多的钱。

通过在居住地选址策略中加入职业 - 人员 - 目标的衡量标准，你可以实现更好的职业和更优质的生活这双重目标。因此，在本书的其余部分，我将介绍居住地如何帮助数字游民找到以下价值。

认同	连接	学习
财富	创造力	幸福
创业精神	冒险	目标

如果你正在寻找居住地点，你将了解如何将这些融入你的个人选址策略，以便你选择的居住地帮助你满足职业－人员－目标的需求。

如果你是一个还不准备定居的漫游者，不管你目前的临时居所在哪里，你也将获得一些建议，让临时居所也可以提升你的能力并助你一臂之力。

如果你是一个定居者并打算定居在某个地方，你将了解更多居住地帮助你取得成功的方式，你还能知道如何提升参与度，让居住地变得更好，并为他人提供帮助。

你将了解大量现实生活中的例子，看到数字游民如何选择他们的居住地以及他们如何受到居住地的影响，在选址策略部分会有实用的建议和提示，在地点研究的部分会着重指出一个社区值得推荐的地方。

我相信，当你是数字游民的时候，你应该比其他任何人更能从居住地汲取能量与资源，因为这是你自己选择的。本书会告诉你如何做到这点。

现在你可以：

- 从居住地而不是工作上寻求职业－人员－目标的满足；
- 打破家和办公室的屏障；
- 找到释放自己潜力的环境；
- 平衡职业和优质生活。

IF YOU COULD LIVE ANYWHERE

第二部分

不再"内卷",破解精神内耗的美好生活图鉴

第4章

不是追求自由，
而是追求认同

IF YOU

COULD LIVE

ANYWHERE

你是否：

- ✅ 渴望在可接受的生活成本范围内过上美好的生活？
- ✅ 在远程工作中也想要得到重视和尊重？
- ✅ 更渴望得到社区认同而非绝对的自由？
- ✅ 在选址时只关注了大城市而忽略了其他城市？

第 4 章 不是追求自由，而是追求认同

2020 年 6 月的一个早晨，麦肯齐·科特尔斯（Mackenzie Cottles）在 Zoom 上微笑着告诉一对来自纽约的夫妇，住在亚拉巴马州的肖尔斯是多么令人开心的事。"这里简直是音乐城中的音乐城。"她说。

阿雷莎·弗兰克林（Aretha Franklin）和滚石乐队曾在肖尔斯的 Fame 录音工作室制作专辑，离杰森·伊丝贝尔（Jason Isbell）和谢丽尔·克罗（Sheryl Crow）在 2019 年首届肖尔斯音乐节的公演地点不远。在这里可以欣赏各种音乐，无论是在当地的艺术节、美洲原住民的庆祝活动还是独具特色的文艺复兴节上。这里还有在海伦·凯勒的家乡塔斯坎比亚举行的一年一度的海伦·凯勒日，正是在那里，安妮·沙利文教会了 6 岁的海伦如何感知世界。肖尔斯地区包括田纳西河沿岸的 4 个城镇，对于这里的 15 万名居民来说，总是有很多值得庆祝的事情。

这对来自纽约的夫妇实际上不需要被别人说服。正如麦肯齐后来回忆的那样，这对特殊的夫妇一直被困在一个"邮票大小"的公寓里，绝望地坐在仅能放下电脑的餐桌前工作。他们离开的愿望越来越强烈，他们的工作完全可以远程完成，因此他们完全可以离开纽约。他们从某处听说了"远程肖尔斯"项目，该项目向愿意搬到亚拉巴马州这个地方的任何远程工作者提供高

达 1 万美元的奖金。在这之前，除了亚拉巴马人，没人听说过这个地方。

肖尔斯经济发展局于 2019 年 6 月启动了这个项目，在试点的第一年，有 10 名科技工作者搬到了那里。之后疫情来袭。截止到 2020 年年中，"远程肖尔斯"项目的 25 个名额已经收到了大约 450 份申请。

不用说，这并不是经济发展的传统路径。

城市都喜欢钓大鱼

几十年来，肖尔斯这样的地方招商的一个目标就是钓一条大鱼——一家可以雇用当地工人并带来税收的大公司。新增就业是经济增长的关键，如果招商者能说服 CEO 在这里建造新工厂或把总部迁到这里，从而增加该地的财政税收和就业人数，他就赢了。为此，各地经济发展部门像是分发口香糖一样推出了各种财政激励政策：免费使用土地！10 年不交税！来工作就奖励现金！

用激励政策换取就业、发展、投资和增长就是一场赌博，而且不一定奏效。2017 年，某大型公司获得 45 亿美元的奖励，用于在威斯康星州芒特普莱森特的 12 平方千米的农田上建造显示面板制造厂。该工厂预计将为密尔沃基以南的农村地区带来 1.3 万个工作岗位。唐纳德·特朗普将其描述为"有史以来最伟大的交易之一"。然而在几个月之后，实习生都因工作岗位不足而被解雇。

无论如何，城市都喜欢钓大鱼。当亚马逊宣布在西雅图以外寻找地点设立第二总部的时候，美国的每位开发商都冒出一身冷汗。随之而来的是怪异版本的《单身汉》①——全国各个城市的"追求者"排着队向"被追求者"施展魅力，包括减税政策和房地产优惠。2017年，大约有230个社区宣布参与亚马逊第二总部的竞争。

这次，在亚马逊第二总部竞争中名列前茅的城市不仅仅是那些可以提供"位置，位置，还是位置"的城市，也不仅是提供巨额奖励的城市（圣路易斯甚至提出了总计70亿美元的"一揽子"计划），而且还有可以提供"人才，人才，还是人才"的城市。

技术熟练、受过教育的劳动力，对于每一个企业和社区而言，都是热门商品。为了赢得亚马逊第二总部"竞选大赛"的冠军，弗吉尼亚州阿灵顿提供了5.73亿美元的奖励计划，其中包括为每个薪资超过15万美元的工作者提供2.2万美元的现金补助。同时阿灵顿也提出了另一项计划，为亚马逊提供2.5万名他们需要的员工，并创建了一个K-12的STEM教育计划，让亚马逊可以持续在当地找到可用的人才。

这始终是先有鸡还是先有蛋的问题。一个城镇可以先钓到一条大鱼，设想人们会因为有好的工作而在这里定居。或者它可以首先吸引工作人员或者人才去那里，由此向有意向的公司证明：嘿，你未来的员工已经在这里了。

实际情况通常是两者的混合。越来越多的城镇已经成为吸引人才和留住人才的机器，争相说服受过教育的居民搬到那里、在那里工作并定居下来。密苏里州斯普林菲尔德的经济发展负责人萨拉·克纳（Sarah Kerner）告诉我，她多年来一直向社区领导倡议"吸引和留住人才"。她说："以前情况正相反，公司在哪里，人们就到哪里工作，就好像，'好吧，我想我必须住在这里'，

---

① 《单身汉》（*The Bachelor*）是美国一档相亲节目。——编者注

现在的情况完全颠倒了。"

甜蜜的家——亚拉巴马州

吸引人才的观念发生了巨大变化，现在城市是用钱来吸引人才的。2018年，俄克拉何马州塔尔萨市宣布了一项名为"远在塔尔萨"的计划：愿意搬到塔尔萨的全职远程工作者，将有机会获得1万美元的奖励。

一个花哨的网站展示着这项计划的价值主张："嗨，远程工作者！我们会付钱让你在塔尔萨工作，你会爱上这里的。"在主页的背景中，滚动播放着数字游民幻想的场景：在复式公寓里，20多岁的年轻人猛地关上笔记本电脑，俊男靓女在屋顶酒吧里尽情畅饮。

"远在塔尔萨"计划的参与者还可以享受其他福利，例如，共享办公空间的办公桌和租金打折的市中心公寓，还可以参加仅限会员的活动和使用Slack，这将有助于他们在新社区与其他人建立联系。

在这之前，从来没有哪个城市直接向愿意搬迁的人提供现金奖励。城市相关机构也没有向亚马逊这样的大公司发放企业福利，而是直接向愿意搬迁的民众提供一些资金，这么做很合理。每一位搬到塔尔萨的新居民都会为当地带来巨大的经济回报：购买房地产，在当地纳税，在当地超市购物，以及在社交媒体上表达自己热爱并接纳这个社区。当地的每一位新来的富有经验的工作人员都向"大鱼们"——各大公司证明了塔尔萨可能是他们的员工想要居住的地方。

媒体喜欢塔尔萨，数字游民也喜欢塔尔萨。在"远在塔尔萨"计划实施的前两年，有将近 500 人因为这项计划搬到了俄克拉何马州。

美国其他地方的行政部门也注意到了这一点，其中包括距离亚拉巴马州 885 千米的肖尔斯经济发展局。尽管从表面上看，拥有 40 万名居民的肖尔斯与塔尔萨没有太多共同之处，但肖尔斯经济发展局决定尝试一下塔尔萨吸引远程工作者的疯狂的新模式。2019 年，肖尔斯经济发展局启动了"远在肖尔斯"（Remote Shoals）计划，该计划在试点阶段将奖励每个搬到当地的数字游民 1 万美元现金。

起初，"远在肖尔斯"计划只针对科技人员，他们根据参与者的收入划分了奖金级别，赚得越多，奖励越多，奖金以分期的形式发放。到第二年，该计划扩展到任何工作类型的数字游民，只要年收入超过 5.2 万美元就可以申请。申请人有 20 多岁的单身人士、50 多岁的已婚人士、有孩子的家庭、学校管理员、退伍军人事务官员，还有 NBC 体育播客主播。"因为这位主播不再讲解比赛了，"麦肯齐说，"所以，你知道的，他可以住在任何地方。"这些申请人从西雅图、奥兰多和缅因州的波特兰等城市逃离，前往肖尔斯。

虽然 1 万美元很诱人，为数字游民打开了通往位于亚拉巴马州这个角落的大门，但这并不是数字游民来这里的唯一原因。"我们想确保他们需要我们，我们也需要他们。"麦肯齐说，她是在当地长大的，并且天生适合做这件事，"我们不希望想要夜生活的人到这里之后发现这里没有夜生活。我们不能挂羊头卖狗肉。"

在线上面谈中，麦肯齐询问一对来自纽约的夫妇他们心中完美的社区是什么样子，这是对"远在肖尔斯"计划申请人的一个标准的试金石问题。"我们正在寻找一个空间大、节奏慢和社区氛围浓厚的地方。"他们回答说。

麦肯齐笑了："这正是我们所拥有的！"她脱口而出。

肖尔斯拥有空间，你可以在这里为自己购买几块土地，方圆几公里几乎看不到其他人；肖尔斯拥有慢节奏，从城镇的一侧到另一侧只需 20 分钟，不用着急；肖尔斯社区氛围浓厚，一位 12 年前搬到该地的企业主起初不太喜欢这里，但随着时间的推移，她开始意识到融入当地社区是多么容易，而且参与了一些很酷的事情。后来她常常问："我能帮上什么忙吗？"现在，她协助麦肯齐做一些项目，她告诉客户："除了这里，我哪儿都不想去。"

从一开始的不习惯，到后来大加赞扬，这是搬到肖尔斯的人一般会经历的过程。麦肯齐知道，当人们听到"亚拉巴马州"这个词时，他们脑海中会浮现出什么形象，而当他们住到这里时，会发现之前的想象几乎都是错的。她希望有机会纠正数字游民先入为主的观念。

金融胡萝卜，为了钱搬家

塔尔萨和肖尔斯并不是唯一悬挂"金融胡萝卜"吸引人才的城市。在过去 10 年中，社区传统上只提供给公司的许多福利现在直接流向了数字游民，这些福利包括现金、免费使用土地、税收减免、学生贷款债务偿还计划、住房奖励等。举几个例子：

- **阿肯色州西北部。** 该州的部分地区，包括沃尔玛总部所在的本顿维尔，向搬到该地区的数字游民提供 1 万美元的现金奖励，外加一辆新自行车，以鼓励他们利用 518 千米的世界级山地自行车道，这些福利吸引户外运动爱好者蜂拥而至。这项为期 6 个月、价值 100 万美元的计划由沃尔顿家族基金会（Walton Family Foundation）资助。

- **堪萨斯州托皮卡**。"选择托皮卡"（The Choose Topeka）计划为搬到托皮卡并停留一年的数字游民提供高达 5 000 美元的租金补贴；如果他们购买了房屋，补贴则为 1 万美元。

- **俄亥俄州巴特勒**。搬迁到辛辛那提以北的巴特勒县任一小镇的人，可以获得奖学金来偿还学生债务，每月 300 美元，上限为 1 万美元。

- **艾奥瓦州牛顿**。这个位于得梅因郊区、拥有约 1.5 万名居民的地方为新住民提供 1 万美元的现金奖励，用于购买新的独户住宅。除此之外，当地企业为新员工提供价值超过 2 500 美元的"欢迎礼包"。

- **夏威夷州**。在疫情期间，一群商界领袖和当地非营利组织与州政府合作，向愿意迁居到岛上生活一个月以上的数字游民提供免费机票、折扣酒店、共享办公空间，以及参与社区活动的机会。他们有一个"搬迁者和沙卡①"计划，这个计划的口号是"我们希望你可以待得久一些"。

- **瑞士阿尔比宁**。阿尔卑斯山上一个只有 240 名居民的村庄为每个搬迁到那里并在当地购买房产的成年人提供高达 2.5 万法郎的资助，每个随行儿童还可以领到 1 万法郎。不过如果在 10 年内离开，就必须偿还这笔钱。

- **佐治亚州萨瓦纳**。这个墨西哥湾沿岸的城市以每名员工 2 000 美元的标准补贴搬迁到那里的技术公司，用以覆盖公司搬迁的费用。2020

---

① 沙卡（Shaka）是夏威夷一种打招呼的手势。——编者注

年，他们将这笔钱直接给了符合要求的技术工人。萨瓦纳经济发展局创新与创业部副部长珍妮弗·邦内特（Jennifer Bonnett）解释说："我们这样做是为了不再依赖公司的迁入。"

- **佛蒙特州**。在佛蒙特州州长的支持下，该州商业和社区发展局制订了一项拨款计划，为愿意搬到佛蒙特州的数字游民提供高达 1 万美元的补贴，用于支付搬家费用、共享办公空间的会员费以及网费。该计划于 2020 年结束，因为最初 50 万美元的预算已经花光了。

以上案例只是冰山一角。从西弗吉尼亚州的摩根敦到缅因州的奥古斯塔，类似的计划接二连三地出现。对于数字游民来说，这些社区抛出的意想不到的橄榄枝，就像营造了一场美好的梦境，既令人惊叹又有点疯狂。

但并不是每个人都满意这些举措。这些地方的既有居民就很不满，他们抱怨社区花费大量资金吸引新住民，而他们当地人却一直在苦苦挣扎。为什么不向已经证明了忠诚度的现有居民发放补贴呢？

一些批评者认为，提供激励措施来引进人才的做法让人想起格劳乔·马克斯（Groucho Marx）的老话："我不想加入任何让我成为会员的俱乐部。"在印第安纳州西拉斐特市推出 5 000 美元的数字游民补贴后，城市规划师阿伦·雷恩（Aaron Renn）在 Twitter 上展开了民意调查"印第安纳州给多少钱你才愿意搬过去"，而超过一半的人表示"他们永远不会去那里"，无论诱饵有多优厚。

谈到佛蒙特州的数字游民补贴方案，该州的审计员抱怨道："实际上，我从很多人那里听说，有些报道相当负面，人们嘲笑我们，如果佛蒙特州这么好，你们为什么要花钱请人来这里？"

不管是给企业提供激励措施，还是公司为新员工提供签约奖金或额外假期，都是出于同样的原因：到处都在抢夺人才，而数字游民就是人才。正如专营城市测评的传媒公司 Livability 的主编威诺娜·迪梅奥-埃迪加（Winona Dimeo-Ediger）告诉我的，吸引和留住人才是"几乎无人知晓的产业，人们不知道它的存在，也不知道它在起作用。人们不知道自己的城市受人才的影响，不知道自己也可能以某种方式受到影响。所以，人们更不知道如何利用人才或引进人才。这是一个很大的问题"。

作为一个数字游民，你应该要知道自己现在是一个热门商品，这能让你在人才争夺战中获取主动权。**社区迫切地想要争取到你，他们正在努力地引起你的注意。**

希望被各地争夺并不是一种崇高的想法，不过，无论是在城镇还是工作中，感觉被需要是件好事。前面提到的 Facebook 研究表明，当员工的贡献得到认可和赞赏时，他们会对自己的职业感到更加满意。在工作场所，得到认可可能表现为升职或者同事对你放在 PPT 中的"梗"哈哈大笑。不过根据 2015 年的一项调查，只有 21% 的受访者认为他们得到了应有的报酬，75% 的人认为最好的员工没有得到足够的认可。

请记住，你的所在地就是你的办公室。因此，一个城市因为你搬到那里给你提供经济补贴，这就像是获得了当之无愧的升职，或者像是招聘人员在查看了你的领英账户信息后给你打电话，令人宽慰和鼓舞。它让你知道社区是多么渴望你的加入。即使没有经济补贴，仅仅感受到新地方的欢迎也会让你更加容易产生依恋，这种有根的感觉让你想要留下来。当你知道某个城市很需要你，在那个城市你就会更快乐。

我身安处是职场
IF YOU COULD LIVE ANYWHERE

人才争夺战

到目前为止，得克萨斯州达拉斯没有给搬迁到那里的新居民提供过任何补贴。他们确实不需要这样做。在过去 10 年中，达拉斯市区新增了 130 万居民，是美国居民人口增长最快的地区。

这是最不可能遭遇经济疲软的城市。在过去 10 年里，因为低税收、低廉的房价和便利的国际机场，超过 150 家公司将总部迁至该地。达拉斯在吸引大鱼方面做得非常好，以至他们给自己制造了一个新问题：职位空缺太多，没有足够的人才来填补它们。即使是全美发展最快的城区，也无法解决人才短缺的问题。

为达拉斯商会（Dallas Chamber of Commerce）负责区域营销和人才引进的高级副会长杰茜卡·希尔（Jessica Heer）表示，在疫情之前，很多领域，如管理、金融、建筑、工程以及"真正涉及计算机的任何行业"，在达拉斯的失业率都低于 1%。企业为了填补人才空缺，互相挖墙脚。这不是一个可持续的解决方案。最终，希尔告诉 CEO 们，"停止和你的邻居抢夺员工，去其他州挖"。于是他们开展了名为"对达拉斯说是"（Say Yes to Dallas）的营销活动，告诉芝加哥、纳什维尔和纽约等科技城市的二三十岁的年轻人："我们这里需要你。"

在达拉斯，商会并不需要数字游民带来自己的工作，而是需要他们申请当地的工作。商会的研究表明，获得一份新工作或得到一份新工作的可能性仍然是决定搬家的首要动机，所以"对达拉斯说是"的网站展示了该市蓬勃发展的就业市场。"我们要传递的关键信息是，在这里一生都有工作机会，"希尔告诉我，"无论是刚开始职业生涯，还是处于职业生涯末期，这里有各种选择。年轻人喜欢有选择权。他们希望有 40 条牛仔裤可选,而不是两条。"

事实上很难衡量这种活动的效果如何,人们不会仅仅因为访问了一个网站而选址,成千上万的小细节都会对选址策略构成影响。不过自从这项活动推出以来,对"达拉斯说是"的网页浏览量已达到 70 万次。达拉斯在竞争如此激烈的市场上绝对是博足了眼球,相对一些仅提供经济补贴的城市来说,这绝对是一场胜利。即使你对"远在塔尔萨"项目嗤之以鼻,但当阅读它的相关信息时,你可能已经了解到一些关于塔尔萨的有趣事实:如果搬到那里,你可以在耗资 4.65 亿美元建设的市中心公园里扔飞盘,参加那里的集体活动,或自制木筏参加阿肯色河漂流比赛(确实有点意思)。

经济补贴不应该是影响搬迁的唯一因素。但是,如果经济补贴或精心策划的营销活动让你心动,使你开始调查研究,并把塔尔萨加入了候选名单,那么这些花费对于城市而言就是值得的。《你属哪座城?》(*Who's your City?*)的作者理查德·弗洛里达(Richard Florida)告诉美国国家公共广播电台(NPR):"我认为这肯定比给大公司数百万美元的税收优惠要好得多,对普通人而言,小规模激励比较好。"

人们到底要去哪里

换句话说,理查德·弗洛里达认为,如果一个城市足够好,可以让人负担得起,并且拥有足够的保证美好生活的设施,它就不需要用 1 万美元来吸引居民。经济发展的第一法则是人才吸引,第二法则是美好生活。为了吸引申请者,城市必须创造一个人们愿意居住的地方。

为了确定美国年度最宜居城市前 100 名，Livability 公司调查了 1 000 名千禧一代的人 ①，并根据他们选址时所关注的内容，从更广泛的类别收集数据，如教育和交通。2020 年，正在 Livability 公司的威诺娜和她的工作人员经过数月的工作、准备发布新的调查结果时，疫情来袭，城市开始像牡蛎一样关闭。由于担心调查结果会在疫情期间被人忽视，他们推迟发布并重新进行了调查，因为他们想了解 2020 年"逃离疫情"的氛围是否会给千禧一代带来一些改变。

简单来说，并没有。威诺娜说，在疫情期间，"人们选择搬迁的最重要原因并没有改变"，"更多的人还是依据自己真正在乎的事行动"。

他们最在乎的还是生活成本。对于 70% 的受访者来说，城镇的生活成本排在他们决策要素的前 3 名。生活成本昂贵的城市或没有优惠住房的城市无法榜上有名。

对于大多数千禧一代来说，气候、交通、美食、博物馆、户外休闲、离家近都是很重要的要素。搬家的麻烦让超过 25% 的人选择留在原地。

作为一个数字游民，你通常会根据影响日常生活的要素做决定。你想每天堵车或是将月收入的 30% 以上用于房租吗？不。你想选择天气好、周五晚上还可以吃墨西哥餐的地方吗？是的。

数字游民最关注的是在可以接受的生活成本范围内过上美好的生活。因此，他们开始放弃昂贵、拥挤的超级明星城市，转向位于郊区的小城镇。这些小城镇中的 91% 得到了发展，比如科德角半岛和塔霍湖等度假胜地，佛

---

① 目前，千禧一代是地理上流动性最强的群体。

罗里达州的萨拉索塔和南卡罗来纳州的查尔斯顿等小城市，还有很多小城镇。

人们从中逃离的那些城市，它们中的82%都是迁出多于迁入的，比如纽约、西雅图、旧金山和流失居民最多的波士顿。不过搬走的人也并没有走太远，很多人因为疫情选择搬到同一个都市圈的其他地方。如果不是非要去市中心的办公室，住得远一点不仅可行，而且更加令人满意。

小城镇的人特别是经济开发商开始跃跃欲试，并纷纷传言说："现在是我们大放异彩的时候了。"像内布拉斯加州麦克弗森县和俄亥俄州霍姆斯县这样的农村地区，由于远程工作者的激增，已经得到了惊人的发展。一时间，小城镇发展顾问贝姬·麦克雷（Becky McCray）和德布·布朗（Deb Brown）收到了源源不断的问题，这些问题都是咨询如何吸引远程工作者的。贝姬说："不再有人问关于如何区分家与工作的问题。"一直处于弱势的城市终于迎来了春天。

甚至还有一种新奇的说法来描述那些没有大鱼雇主却依旧繁荣的地方：Zoom小镇。Zoom小镇是小型社区，有的甚至有点偏僻，不过它们网速不错，也有引人入胜的当地文化，对于那些只需要连接互联网即可工作的数字游民来说，Zoom小镇是相当不错的选择。

所有这些小地方都需要选择一种方式向全世界展示它们的存在，表明它们已经对所有人开放，准备一跃成为对数字游民非常友好的Zoom小镇。偏远社区没有预算做"对达拉斯说是"那样大规模的营销活动，这些无路可走的小型社区必须找到更有创意的方式来宣传自己。

比如成为"远在肖尔斯"计划的一分子。

完美城市

当乔·凯肯德尔（Joe Kuykendall）第一次听说"远在肖尔斯"计划时，他和安娜·凯肯德尔（Ana Kuykendall）已经在佛罗里达州奥兰多市生活了5年。他们在同一家软件开发公司从事远程工作，而他们考虑离开佛罗里达州至少有一年的时间了。"生活成本越来越高，"乔说，"即使是这些可爱的小平房，我们也完全买不起。"

一天，乔在谷歌上搜索到一篇关于远程工作者招募计划的文章，并看到了"远在肖尔斯"计划的信息。这使他们眼前一亮。"远在肖尔斯"计划可以满足他们的很多需求，比如负担得起的美好生活以及每天悠闲散步的习惯。"这个激励政策为我们开启了一扇大门，"乔说，"我们觉得这行得通。"

在和麦肯齐及她的团队面谈后，乔和安娜在2020年6月带着他们7岁的儿子开车去考察了一下。他们还没待够一整个周末，就预订了一套建于1905年的三居室，这套房子位于亚拉巴马州的弗洛伦斯。3个月后，他们搬了进来，这无疑是"远在肖尔斯"人才吸引计划的一场胜利。

正如总部位于斯德哥尔摩的地区营销公司"未来区域领袖"（Future Place Leadership）的联合创始人马库斯·安德森（Marcus Andersson）解释的那样，在吸引和挽留人才方面，"对达拉斯说是"和"远在肖尔斯"这样的营销计划只不过是冰山一角。一个地区接下来应该做的是下面3点。

人才接待，即欢迎新人，如"远在塔尔萨"计划那样为新人提供共享空间和组织活动，或在Slack上举办活动。

人才融入，即为新人提供专业的社交网络，帮助其建立人际关系，如举办职场新人的团建活动。

人才宣传，如地方品牌和当地大使项目。

有些地方在这3个方面做得比其他地方好。当蒂姆·卡蒂（Tim Carty）在艾奥瓦市和艾奥瓦州锡达拉皮兹市的经济发展部门工作时，他在他们的网站上放了一个按钮，上面写着"招募我"。如果你点击它，很快就会收到蒂姆或他的某位同事发来的电子邮件，以帮助你和当地雇主或住房中心取得联系，提供有关学校和社区的各种信息——只要是可以说服你搬到当地的内容。这就是人才吸引。

一旦你到达当地，"僚机计划"（是的，他后来意识到这个名字含有性别歧视的意味，他很抱歉）① 就会启动，会有一个人带你四处转，让你感受当地。如果你20多岁，喜欢精酿啤酒和徒步旅行，蒂姆会介绍你认识另一个20多岁的人，他家地下室里有精酿啤酒，他还会给你一张当地所有徒步路线的地图。"我们想让志趣相投的人和生活经历相似的人成为朋友。"蒂姆解释说。这就是人才接待。

"僚机计划"也能有利于人才融入，你的"僚机"要做3件事：一是带你出去玩一次；二是邀请你参加两次社区或社交活动；三是把你介绍给他认为你会喜欢的3位朋友。"这非常有效。"蒂姆说。数字游民在新社区中需要认同感和价值感。"招募我"按钮表达了社区的用意：我们这里需要你。社区为了招募你所付出的一切让你感觉棒极了。

当然，经济发展部门想要招募你并不意味着当地的每个人都热烈欢

---

① "僚机计划"（Wingman Program）中的 wingman 一词在现实生活中经常被用来形容为帮助某人在恋爱约会中加分的朋友。——编者注

迎你。在达拉斯,杰茜卡·希尔承认,大多数当地人都明白吸引 AT&T 或 Comerica① 来达拉斯是一件大好事,但他们不明白为什么在达拉斯人口激增的情况下还想要招募更多的人来。希尔的朋友们批评道:"你为什么让更多的人搬到这里?你带来的人会给我们的公共基础设施带来压力,让更多的汽车堵在路上,还有其他各种各样的问题。"

即使在较小的城市,人们对于当地政府努力吸引人才的做法也很失望。威诺娜谈起一个住在新墨西哥州圣菲市的朋友私下里对她说的话,她的朋友觉得原本 8.4 万人的小城市现在已被得克萨斯人和加利福尼亚人占领了。"她来找我,言语激烈地说,'威诺娜,我不得不说,我觉得你做地区宣传营销让更多的人们搬过来,是在伤害我的城市'。"

威诺娜说,挑战在于"有许多像圣菲一样的小城市需要发展,并在渴望新居民"。确实,是否能与正在寻找理想居住地的人们建立联系很大程度影响到小城市的生存。因此,小城市的办法是对那些不愿意继续留在大城市的数字游民说:"我们要发展,请来这里吧!"

对于乔和安娜来说,他们和肖尔斯之间就是完美的匹配。他们还在分期领取"远在肖尔斯"计划提供的 1 万美元,这笔钱主要用于支付他们的搬家费用。假使没有现金资助,搬到亚拉巴马州也使乔和安娜在财务上有盈余,每月大概可以节省 1 000 美元的开支。他们每月只需要支付 1 500 美元的抵押贷款,这比佛罗里达州 2 000 美元的房屋租金还要便宜。他们在佛罗里达州时每年的房产税约为 4 000 美元,而在肖尔斯,他们的房产税只需要 600 美元,就连他们的汽车保险也是搬迁前的一半。

---

① AT&T 是一家美国通讯企业,Comerica 是一家美国银行,二者都是大型企业。——编者注

既然他们不需要挣那么多钱了，就可以花更多的时间做喜欢的事情，比如徒步旅行和外出就餐。他们可以在 15 分钟内到达任一徒步小径；北阿拉巴马大学就在他们社区的附近，有时他们可以听到学院的吉祥物狮子利奥在校园围栏里咆哮。对于正在打工作电话的他们而言，这简直就是奇异的配乐，有时候安娜需要停下来说："对不起，那是一头狮子。"

他们肯定不想再生活在佛罗里达州了。很明显，肖尔斯比佛罗里达州更加需要他们。如果他们坐在房子的前廊上，他们的邻居就会停下来和他们聊天。亚拉巴马州的潜规则是，如果你坐在你家的前廊上，你就是在企盼社交活动。他们出去时会遇到认识的人。他们有一个固定的理发师，还有一个知道他们名字和喜好的咖啡师。"在这里你觉得大家都认识你，这对我们来说很重要。"乔说。

即使是从事远程工作，他们也不想过封闭的生活。"我们很想认识我们的邻居，我们想认识更多的人，我们真的想成为社区的一部分。我们觉得在这里得到了这些。"

大多数人希望有一个完美的城市等着自己，可是所谓的灵魂伴侣很难实现，无论是婚姻还是城市。**但世界上总有一个地方拥有你正在寻找的特质；反过来，你也是某个城市正在寻找的人。现在你们只需要找到彼此。**

> **选址策略：认同**

员工希望在工作中感受到重视和激励，居民也一样。幸运的是，世界各地的社区都在努力让数字游民感到被需要，不管是通过热情的欢迎还是经济补贴。下面的选址策略可以帮助你获得你想要得到的认同。

1. 调查研究。 你可能已经知道了 1 万美元现金奖励甚至赠送一辆自行车的优惠政策，但这只是一个开始，你还需要了解更多信息。不要太快做出判断，还需要仔细了解该城镇提供的各种设施与服务。这个地方是否符合你的价值观？是否符合你在寻找的城市特质？否则，现金奖励也没有意义。

2. 点击即可被招募。 蒂姆·卡蒂和威诺娜·迪梅奥－埃迪加合作开展了一项业务，该业务帮助社区在他们的网站或者区域营销视频结束的位置插入"招募我"按钮。如果该地有吸引你的地方，就点击按钮或者直接联系他们。

3. 问自己想要什么。 企业都行动了，你还等什么？如果你考虑搬到某个城镇，那就联系当地经济发展部门或商会寻求帮助，看看会发生什么。他们的回复是否个性化？是真人回复还是自动回复？自动回复这种情况发生在小城镇的概率远比大城市要高。

4. 找到自己的"僚机"。 如果你名单上的社区没有"僚机计划"或者其他大使计划，你可以寻找当地商会或旅游局，帮你联系一下过去两年搬到那里的居民。他们可以用切身经验回答你的问题，比如"你搬到这里最大的财务收益是什么"。

5. 关注地区营销。 大多数城市都在那些给潜在新移民或访客开的网站上推销自己。对，这就是营销，同时你也可以获取有关当地特色的丰富信息。

6. 把目光投向超级明星城市之外。 大城市有很多值得喜爱的地方：文化、当地居民、咖啡店和服装店。如果你偏爱大城市，你一定了解这些。但是，如果你可以住在任何地方，那么放眼看看那些小城镇、乡村地区、中型城市、度假社区，甚至郊区。

地点调研：堪萨斯州托皮卡市

人口：约 130 000

大问题：几年前，数据显示肖尼县 40% 的人上班都要通勤，他们最远住在 97 千米外的堪萨斯城东部。为了让更多人不仅在当地工作，而且可以在当地生活，"选择托皮卡"计划为新住民提供 1 万美元的现金奖励，用来帮助远程工作者在这里购买房屋。如果在城里找到一份全职工作，则可以获得 1.5 万美元奖励。这太棒了！到 2021 年 1 月底，有 350 名远程工作者表示有兴趣，其中 15 人已经搬了过来。

为什么想住在这里：这里有州首府的氛围，随处可见的公共艺术（那些壁画可不会发自拍让你看），以及各种乡村音乐、蓝调音乐和古典音乐节，更不要说烧烤店的芝士马铃薯，简直太好吃了。

谁在申请：喜欢堪萨斯州的人。有些申请人喜欢堪萨斯州是因为在这里可以与其他中西部州的人联系，有些申请人是因为喜欢慢节奏的生活，还有些申请人是因为托皮卡的社会交往与各类活动。

"我们一次又一次听到人们讲述他们的故事，他们来自芝加哥、亚特兰大与旧金山，已经在那里生活了 6 年或更长时间，但仍然不认识任何人，"在大托皮卡中心（Greater Topeka Partnership）负责企业续留和人才激励计划的副主席芭芭拉·斯特普尔顿（Barbara Stapleton）说，"不过他们已经准备好与这里的社区更密切地互动，他们喜欢距离机场不超过一个小时的路程，还有大量艺术演出、文化活动和各种餐厅。"

住在哪里：在"选择托皮卡"的网站上，他们将社区分为"高档、优雅的社区"和"迷人、性价比高的社区"。比如在第二类可爱得不可思议的韦斯特伯勒社区里，你可以以不到 25 万美元的价格找到一间带有闪闪发光硬木地板的平房。

我是否适合这里：大托皮卡中心的营销主管鲍勃·罗斯（Bob Ross）表示，"选择托皮卡"的最佳人选是那些"总是在寻找新冒险"的人，他们已经准备好投身新事物。

视频宣传："一个耗尽汽油的好地方。"在 2019 年推出"选择托皮卡"后，斯蒂芬·科尔伯特（Stephen Colbert）透露说，这些激励措施将帮助他们建立一个有共识的社区，"托皮卡的现有居民过去都是在去其他地方的路上把油耗尽的司机"。作为回应，"选择托皮卡"背后的经济发展机构"来托皮卡"制作了一段搞笑视频，视频中一名妇女拿着空汽油罐走进托皮卡的一家酒吧，她得到了啤酒和热烈的欢迎，于是将汽油罐扔到墙角。无论是什么让她来到此地，她都准备要留下来了。

现在你可以：

- ✅ 主动了解各地的人才引进政策；
- ✅ 摒除地域偏见，把目光投向小城市；
- ✅ 寻找一个欢迎你和需要你的社区；
- ✅ 对备选城市进行实地考察。

第 5 章

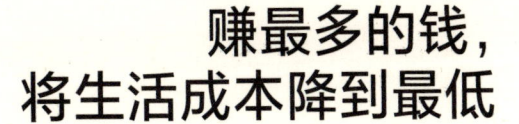

赚最多的钱，
将生活成本降到最低

IF YOU

COULD LIVE

ANYWHERE

你是否:

- 因失业、物价上涨等原因遭遇了个人经济危机?
- 正在考虑去一个生活成本低的城市?
- 想尝试一份大城市的远程高薪工作?
- 想经济独立或提前退休?

第 5 章　赚最多的钱，将生活成本降到最低

在 2009 年经济危机中，有近 900 万美国人失去了工作。56 岁的苏珊娜·珀金斯（Susanna Perkins）就是其中之一。

她因为所在的律师事务所倒闭而失业了。更为糟糕的是，她丈夫马克几年前为了攻读硕士学位辞去了电气工程师的工作，本打算之后转行去中学教科学，他毕业几个月后就遭遇了经济危机，佛罗里达附近的学区解雇了 3 000 多名教师。马克甚至无法找到代课老师的工作，60 岁的他开始在奥兰多市中心的街道上骑着自行车送快递。

由于他们退休后基本上没有储蓄，所以他们动用了马克的个人退休账户①来支付研究生学费，在经济危机后，他们只能把钱全部取出来，用以支付生活费用，因为他们的财务状况非常糟糕。"那时候，我不打算找工作，"苏珊娜回忆道，"但我们不得不做点什么。我们几乎花光了仅有的一点点积蓄。"

苏珊娜曾多次幻想在国外生活。就在他们的财务状况崩溃之前，珀金斯

---

① 个人退休账户（Individual Retirement Accounts，IRA），是一项 20 世纪 70 年代由美国政府发起的养老金制度。——编者注

我身安处是职场
IF YOU COULD LIVE ANYWHERE

一家还谈论要在海外度过退休时光，一部分原因是他们想要沉浸在异国文化中，另一部分原因是省钱。现在情况发生了改变：为了阻止他们的财务状况呈自由落体般下滑，去国外生活成了最明显并且最直接的解决办法。

于是他们搬到了中美洲，并且特意选了巴拿马的拉斯塔布拉斯。这是一个位于厄瓜多尔南部海岸线上的小镇，有着 1 万户居民。在那里，去海滩只有 10 分钟的路程，芒果掉在树荫浓密的街上。

珀金斯一家找到了一栋家具齐全的三居室房子，租金仅为每月 400 美元。在 3 个月的时间里，他们只花了 3 美元燃气费，使用高速互联网的花费也比在佛罗里达州的时候少。日用品更是便宜，只要不去购买昂贵的进口美国商品，比如瓶装沙拉酱，他们每个月平均只需要花费 1 700 美元，这大约是他们在佛罗里达州花销的 30%。

和大多数人相比，珀金斯一家的搬迁更具有戏剧性。不过在选址策略中优先考虑支付能力在数字游民中是最为常见的。根据 Livability 公司的数据，较低的生活成本是吸引新居民搬迁的首要原因。

物价高涨促进了生活成本的提高，使得数字游民离开了他们原本喜欢的城市，这就解释了为什么在 2020 年的 4 月到 12 月，旧金山居民的净流出量达到了 3.88 万人——旧金山多次被评为全美物价最高的城市，据估算是全美平均物价水平的两倍多。

如果你在旧金山工作，那你除了住在那里或许别无选择。旧金山的家庭收入中位数为 112 376 美元，平均房价为 120 万美元，2019 年一居室公寓的租金中位数为 3 550 美元。但当你可以在任何地方工作时，在旧金山生活变得不太划算，随着疫情的继续，30% 的人选择搬家，逃避在那里生活带来的财务困境。

即使是生活在物价不是那么夸张的地方的人，也会幻想是否可以生活在更便宜的地方来省钱。有时候，我会沉迷于找房网站，在上面查看比我居住地生活成本更低的城市，比如印第安纳波利斯，或者克利夫兰。

事实上，我根本不必走那么远。

在布莱克斯堡，当地的大学正源源不断地吸引着新居民。因为地理位置限制，布莱克斯堡房价的中位数为 33 万美元。距离美国 460 号国道 48 千米的地方，房价中位数仅为 16.6 万美元。如果搬到名叫纳罗斯的小村庄，我的抵押贷款将会因此减少至少 50%。然而，有很多原因让我留下，其中特别重要的是饮食。

钱绝不是数字游民选址策略的唯一要素。不过对于大多数数字游民而言，钱一定在所有要素中位居前三，它是衡量所有其他因素的先决条件，而且钱确实应该得到优先考虑。如果你多次计算过生活成本，你就会发现改变居住地会对财务状况有极大的影响。

改变居住地可以减少你的租金或者抵押贷款。你可以存更多的钱、更自由地工作，还能多外出吃饭、早点退休。你可以拥有你一直梦想的那种生活。

或者只是不再为钱抓狂。

甚至还有一个专有名称来描述这种借助地理的力量改善财务状况的情形：地理套利。

如何买到快乐或亲密关系

简单来说,地理套利就是利用不同地点的生活成本差异来省钱,或许还能提高生活质量。

一个加利福尼亚人以 75 万美元的价格出售一套两居室的房子,并以更少的钱在爱达荷州买下另一套大得多的房子,这种最近很常见的现象就是地理套利。

一对年轻夫妇把曼哈顿的房子换成纽约北部他们负担得起的房子,这也是地理套利。

一个数字游民住在泰国,每年只需要 1 万美元就可以生活得丰富多彩,他们应该感谢地理套利。

从历史上看,当地工资水平反映当地生活成本。在过去,如果你因为一份新工作从生活成本高的波士顿搬到生活成本较低的图森,你的收入也会受到影响。图森的租金支出会明显减少,不过收入也会减少,净收益为零。

数字游民就不受这种限制。大多数数字游民并不是在当地挣钱,所以无论他们住在波士顿还是图森,巴厘岛还是塔林,收入都不变,这使他们可以在生活成本最低的地方放大地理套利的影响。根据某网站对美国 75 个人口最多的城市的生活成本排名,从生活成本非常高的城市波士顿搬到生活成本非常低的城市图森,可以将你每月的支出减少大约 43%。以实际计算,生活成本将从每月 5 000 美元变成 2 850 美元。有了这些积蓄,就可以改善你的生活方式,不管是预存退休金、由全职转为做兼职还是购买几千个冷冻墨西哥卷饼,只要你想做就能做。

通常，如果数字游民愿意在地理上走得更远，他们的财务状况也会变得更好。旅行作家蒂姆·莱弗（Tim Leffel）是《半价过上更好的生活》（*A Better Life for Half the Price*）一书的作者，他告诉我，许多数字游民，包括退休人员、远程工作者、在线创业者，他们离开家，"因为他们的预期收入无法让他们过上想要的那种生活。如果他们去清迈、墨西哥或葡萄牙这样的地方生活，就可以花更少的钱过上非常充实的生活"。

蒂姆本人是地理套利的践行者，他与家人从纳什维尔搬到了墨西哥中部马德雷山脉的瓜纳华托。他花 8.6 万美元在那里买了一套四居室的房子。每年的房产税是 120 美元，当地交响乐演出的门票是 6 美元。而当他回到佛罗里达探望家人，在那里两人的午餐就花费了 40 美元，他承认被价格吓到了。"我们几乎什么都没吃到！要知道，我们连饮料都没点！"

这似乎存在道德问题。利用全球经济的不平等过上自己想要的生活是否有些丑恶呢？选择在外国定居难道就是为了可以负担得起家政服务或外出就餐吗？

在美国，地理套利使得曾经物价低廉的社区向中产化发展，最终租金提高并迫使当地人因无法负担租金或者不断上涨的财产税而搬走。总的来说，你试图为自己解决的财务问题会转移到其他人身上。

如果一次只讨论一次预算和一次搬迁，地理套利可能是实现经济稳定、获得附加收益的最快途径。现实是，我们很多人都在为钱而苦苦挣扎。债务负担比过去很多年都要高，与其放弃享用星巴克拿铁和牛油果吐司，还不如搬到生活成本较低的城市更能减轻你的财务负担。除了生活成本降低外，还有很多其他的好处。

- **你可以拥有更多时间。** 如果你是四海为家的自由职业者，搬迁到生活成本低的城市后，你不需要为了支付基本生活费用而工作那么多小时。如果你是从纽约搬到越南，这种巨大转变也许可以允许你改做兼职。也许你们希望夫妻中的一位可以留在家里抚养孩子，搬到生活成本低的地方让你可以做出这种改变。

- **你可以拥有更多选择权。** 生活成本减少之后你可以存更多的钱，这样就可以更快还清债务，在银行有更多的存款，或者购买基金。有了足够的钱，你就可以离开糟糕的工作、伴侣和房东，因为你确信自己的积蓄会让你渡过难关，直到好事降临。

- **你可以拥有自由。** FIRE 运动[①]的追随者拼命攒钱，这样他们就可以在 30 多岁、40 多岁或 50 多岁时彻底退休。地理套利通常是帮助他们提前退休的利器。本章稍后会详细介绍。

- **你可以拥有实际的东西。** 如果拥有一套房屋仍然是你梦想的一部分，那么在某些城市，这一梦想可能更容易实现。储蓄差异，或者仅仅是综合物价指数的下降，使你更可能买得起自己想要的东西，比如一辆更气派的汽车或全有机食品。无论你为自己设定了什么目标，无论何种物品能让你感觉过上了最好的生活，生活成本低的地方都使你更容易实现自己的梦想。

- **你可以拥有幸福。** 好吧，这不完全是真的。但是，搬到生活成本低的地方可以帮你省下钱，你就可以用省下的钱提升自己的幸福指数。全

---

① FIRE（Financial Independence Retire Early）是一种以经济独立和提前退休为目标的生活方式。——编者注

球高达 76% 的人更享受体验而不是拥有物品。当月底盈余增多时，你就可以享受非洲野生动物观察之旅或者买一张当地三甲棒球队的季票，或者做更多美容护理。

如果能保持低开销，你可以让自己在财务上更从容，更有可能选择自己想要的生活，而不是被生活所迫。

当然，金钱对每个人的意义不同。也许你想体验世界上生活成本最高的那些城市的生活，比如苏黎世。**只有你自己能决定生活成本在你整体的选址策略中的重要性。**

不过有一点很明确：**仅仅热爱一座城市是不够的，你必须负担得起那里的生活成本。**

地理套利的魔力

我并不是要告诉你每天少喝咖啡。不少人这么做了，可是一点一滴的节省通常不如地理套利的成功。一项研究显示，在丹麦，你每天喝一杯咖啡需要花费 5.33 美元，而在保加利亚只需要 1.31 美元。如果你从丹麦搬到保加利亚，在每天喝咖啡这件事上，每年可以节省 1 467 美元。

根据美国劳工统计局的数据，在 2019 年，住房支出几乎占了美国家庭平均年支出的 30%。而其他支出，交通、食品、保险，甚至每天一杯的咖啡，与住房支出相比都不值一提。

住房需要花很多钱，而且需要花越来越多的钱。从 2020 年 5 月到 2021

年 5 月，美国房地产价格在全国范围内飙升了 15%，是 15 年来的最大涨幅。随着房价增长远远超过收入增长，美国中产阶级越来越难以拥有一套房屋了。

大多数研究人员用一个算式来衡量购房能力：当地房价的中位数除以家庭总收入的中位数。如果得出的数值低于 3.0，则此地的房屋被认为负担得起。因此，如果你所在地区的家庭收入中位数为 10 万美元，而房价的中位数为 29.5 万美元，那么恭喜你！你可以负担得起所在地区的住房，尽管你感觉负担不起。

但世界上几乎没有城市达到 3.0 的可负担标准。根据 2021 年对 7 个国家 92 个地区主要住房市场的调查，澳大利亚、加拿大、爱尔兰、新西兰、新加坡或英国中没有一个城市低于 3.0。美国仅有 4 个城市低于 3.0：宾夕法尼亚州的匹兹堡、纽约州的罗切斯特和布法罗、密苏里州的圣路易斯。

与此同时，调查中所涉及的澳大利亚的 5 个城市的房价都与当地收入严重失衡，以至于被描述为"完全负担不起"，也就是说负担能力比值为 5.1 或更高。就好比收入中位数 10 万美元，而房价中位数为 55 万美元。悉尼的房价自 2012 年以来上涨了 70%。

约瑟芬·托维（Josephine Tovey）在《卫报》（*Guardian*）中写道，30 多岁的人焦急地想要购买自己的房子："他们挤在一起，分享拍卖时的恐怖场景，并感叹为什么没有早点参与，或者激烈地争论是否都应当搬到布利并忍受一个小时的长途通勤，尽管那里的房价中位数在 5 年内增长了近 60%。"

正如你的想象，事情正在变得更糟。在过去的几十年里，全球房价中位数的上涨速度是家庭收入中位数上涨速度的 3 倍。对于第一次尝试进入房地产市场的年轻人来说，金融专家普遍建议用在住房等相关开支上的钱不要超过每月总收入的30%。这听起来像是一种嘲讽：在哪里可以做到这一点？

2016年，3810万美国家庭背负沉重的住房负担，有一个网络用语可以形容这些人，叫"房奴"。实际上，25%的美国人每个月在住房上的花费超过其月收入的50%，这已经常态化，成为他们头顶上的重压。

这种情况会持续下去，除非他们搬家。

而数字游民就不需要待在"严重负担不起"的地方，不需要仅仅由于工作就待在那个地方。他们可以有选择权。

考虑一下这个：在美国最昂贵的住房市场，圣何塞都会区，房价的中位数为140万美元。抵押贷款的还款额每月大约为7 639美元。这令人吃惊。

与此同时，伊利诺伊州的迪凯特市是2020年全美房屋最便宜的城市，你可以以10.99万美元的中位价为自己购买一套房屋，还贷每月只需520美元。

即便如此，迪凯特市的居民也不一定负担得起，25%的当地居民生活在贫困线以下。但如果你是那种收入不依赖当地市场的远程工作者或者已经退休的FIRE追随者，你就可以轻松自如地生活。想想那个住房负担能力算式，迪凯特市房价的中位数除以圣何塞家庭收入的中位数12.5万美元，住房负担能力数值为0.879。

这个算式的结果没有一个类别叫"当真负担得起"，但也许应该有这个类别。它仅适用于数字游民。

加利福尼亚州现象

2020 年，在西雅图一家科技公司工作的软件开发人员杰里米·桑德伯格（Jeremy Sandberg）成功地说服了他的老板让他远程工作。他和妻子珍妮，一位在家照顾孩子的全职妈妈，立刻开始规划他们的选址策略。他们的选址三要素为：比过去居住了 10 年的地方生活成本更低、离家人更近和阳光更加充沛。他们最终选定了内华达州的亨德森市。

最棒的是，他们以 76.5 万美元的价格出售了他们在华盛顿州贝尔维尤 150 平方米的房子，之后就在亨德森市购买了 350 平方米的房子作为新家，并为此支付了 45.5 万美元。"在华盛顿买一栋这么大的房子，我们可能要花 150 万美元。"珍妮说。房子很大，她的丈夫将一间客房改为办公室，剩下的钱他们将用来创业或者用来创造被动收入。"亨德森市是一个完美的选择吗？不，因为从来没有哪个选择是完美的，"珍妮说，"但这对我们和我们的家人来说确实是一步好棋。"

我们是不稳定、非理性的生物，倾向于将第一次看到的事物或体验的价格作为参考值，这种现象在行为经济学中被称为"价格锚定"效应。比如你在菜单上看到的第一个三明治是 10 美元，你就会认为 15 美元的三明治太贵了。

我们对房地产的看法也是如此。当你了解了你的所在地的房价后，你会对什么价格合适产生一种印象。随着房价上涨，你印象中的合适价格也会随之增加。

当你搬家时，你的锚定价格会变得有点夸张。在我的家乡，30 万美元的房子就会被认为很贵，在其他地方则被认为很便宜，反之亦然。当我的家人从奥斯汀搬到布莱克斯堡时，布莱克斯堡当时已经很高的房价让我们不愿购房，所以我们在那里租房6年。而现在，我们在布莱克斯堡住了8年之后，我的锚定价格已经被重置为当地房价。

如果你从生活成本高的地方搬到生活成本低的地方，旧价格和新价格之间的差异可能会让你对蒂姆·莱弗的经历感同身受——蒂姆·莱弗是住在墨西哥的旅行作家，他从午餐价格高昂的纳什维尔来到瓜纳华托的农产品市场。"这有时候很滑稽，"他说，"比如1美元可以买5磅橙子。"换句话说，你会觉得自己很富有。

我们可以将这种现象称为加利福尼亚州现象。在过去的十几年里，加利福尼亚人躲开了本州高得离谱的房价，但是他们推高了其他有吸引力的生活成本较低地方的房价，比如博伊西、奥斯汀和菲尼克斯等。他们对于这些地方一分钱一分货的情形感到吃惊，相比之下，他们在加利福尼亚州家中时的巨额支出就好像在裤子兜里烧了一个大洞，而在这些城镇花钱的时候他们感觉自己很富有。然而这些地方的住房可负担性正在随人口的涌入下降。

这是一个复杂的问题。不过从长远来看，如果有足够多的数字游民逃离昂贵的城市，那里的住房需求就会下降，从而导致价格趋于平缓。地理套利最终会重新调整旧金山等过热地区的住房可负担性，这会影响到每个人，包括被困在昂贵城市的人。如果你独辟蹊径，选择一个鲜有人至的地方，你可能会为当地经济提供推动力。

对于梅拉妮·艾伦（Melanie Allen）来说，实践地理套利是准备提前退休的关键。当她第一次听说FIRE运动时，她住在洛杉矶，虽然她喜欢加利福尼亚州，但她意识到："如果我留下来，我就无法实现财务自由。"

生活成本高的地方无法让梅拉妮过上真正想要的生活：更少的工作、更多的旅行和冒险。所以她以几乎两倍于购买价格的金额卖掉了她在洛杉矶的房子，搬到了佐治亚州的萨瓦纳，用这笔钱支付了高比例首付，剩下的钱足以偿还她的汽车和学生贷款债务。一年后，她又搬到了宾夕法尼亚州一个生活成本更低的小镇，在那里，她全款买了房。

住在宾夕法尼亚州无须还房贷，还有在萨瓦纳房子的租金收入，梅拉妮可以省下收入的大部分，因此比以往任何时候都更接近FIRE运动的目标。"住在这个生活成本低的小镇，我可以存下钱，做更多投资，每月保持很低的开支。"她说，"如果我还住在佐治亚州，退休对我而言还遥遥无期。我知道如果我留在洛杉矶，我大概永远也不会准备好。搬家给了我更多的选择，简直超出了我的想象。"

你可能想要居住的低成本国家

便宜的地方并不总是理想的地方。但根据《国际生活》（*International Living*）发布的"2021年度全球退休指数"，以下10个国家达到了可负担性和美好生活的最佳平衡。

- 哥斯达黎加（每月1 400美元至2 000美元）
- 巴拿马（每月1 765美元至2 890美元）
- 墨西哥（每月1 600美元至2 500美元）
- 哥伦比亚（每月1 030美元至2 720美元）
- 葡萄牙（每月1 600美元至2 500美元）
- 厄瓜多尔（每月1 600美元至2 400美元）

- 马来西亚（每月 1 500 美元至 2 000 美元）
- 法国（每月 2 100 美元至 2 500 美元）
- 马耳他（每月 2 000 美元至 2 500 美元）
- 越南（每月 900 美元至 1 470 美元）

旗帜理论

地理套利可以帮助你偿还抵押贷款或学生贷款，也可以帮助你存一些钱。2021 年 5 月，数百人聚集在墨西哥普拉亚德尔卡门的海滩附近，参加游牧资本家大会（Nomad Capitalist Live），这个会议被称为"世界第一离岸会议"。

这个会议上的演讲嘉宾阵容包括《富爸爸，穷爸爸》的作者罗伯特·清崎（Robert Kiyosaki）和格鲁吉亚前总统米哈伊尔·萨卡什维利（Mikheil Saakashvili）。该会议针对那些富人或非常想跻身富人行列的人，还提供有关外国房地产、外籍人士抵押贷款和第二本护照的高级课程。这个会议的导师是 30 多岁的安德鲁·亨德森（Andrew Henderson），他是游牧资本家（Nomad Capitalist）公司的创始人，公司指导人们做出最佳的地点选择。

当安德鲁准备创办他的第一家公司时，他读到的一篇文章启发了他。该文章列出了全世界拥有最安全的银行的国家，安德鲁所在的美国位列第 40 名。

嗯，这意味着世界上还有 39 个国家，他们的银行比美国的银行更安全。

那为什么还要死守在美国呢？如果其他国家承诺更低廉的税收、更好的医疗保障系统以及更美丽的海滩，那为什么还要留在美国呢？

在这种想法的刺激下，安德鲁开始实践一种极端形式的地理套利，这种形式被称为旗帜理论（flag theory）。安德鲁在游牧资本家的网站上对此进行了详细的描述。为了充分利用自己的金钱，像安德鲁这样的人在不同的国家享受生活的不同部分，就好像他们在地图上到处插旗一样。具体而言，以下是安德鲁认为最应该考虑的 5 面旗帜：

- **国籍**。你应该考虑在一个对非居民不征税的国家或地区取得第二本护照。

- **银行**。你应该考虑在一个不对投资收益征税的国家或地区开通一个离岸银行账户。

- **玩**。你应该考虑在销售税低或无销售税的地方度假和购物，这样可以省钱。

- **生活**。你应该考虑在生活成本低或其他你能负担得起的地方购买或租用房屋，如巴拿马或菲律宾。

- **商业**。你应该考虑在低税收和资产有保障的地方，或者一个劳动关系政策比较友好的国家创办一家企业。

所有这些都会让人联想到《007》系列电影：喷气式飞机、一袋袋准备就绪的金砖。实际上安德鲁的游牧资本家公司的大多数客户是一些创业者和数字游民，他们更愿意灵活地应对自己的财务状况，而不是与某个特定的地点绑定。有些人成为所谓的"永久旅行者"[①]，他们希望永远不会在某个地方停留太久，这样就不必在任何地方纳税，也不用履行担任陪审员的职责。

不同国家对居民征税的方式不同。有些国家只对居民在当地赚取的收入征税；有些国家，无论居民收入来自何处，只要住在那里就要交税；有些国家或地区，比如阿拉伯联合酋长国和百慕大，完全没有个人所得税，不管是资本利得税还是房地产税，通通没有。不过这些国家或地区通常用印花税或非常高的营业税来弥补。

只有两个国家基于公民身份来收税：美国和厄立特里亚。格蕾丝·泰勒，一位会计师，她的客户主要是外派人士或数字游民这样的漫游者，她自己也是数字游民。格蕾丝说："假设你在西班牙定居，并在那里度过余生。尽管你再也不会踏上美国的土地，但是很可能，你的余生都还是要提交美国的纳税申报表。"除非你放弃自己的美国公民身份，就像安德鲁的一些客户做的那样。

如果你是美国数字游民或外派人士，并且每年在美国境外居住超过330天，那么你可能有资格享受10万美元以上部分的海外收入免税。"对一些数字游民来说，这可能是个不错的选择，"格蕾丝告诉我，"因为他们在任何国家待的时间都不够长，不会成为那里的纳税居民；但他们确实在美国境外待的时间足够长，可以利用这项特殊政策。"换句话说，这是挺复杂的一件事，因此你可能需要聘请像格蕾丝这样的会计师，而不是仅仅在TurboTax[②]上填写数字。

[①] "永久旅行者"（perpetual travelers），简称为PTs，虽然有人也将PTs理解为"优先纳税人"（prior taxpayers）。

[②] TurboTax是美国的报税软件。——译者注

尽管旗帜理论有一定的道理，但大多数数字游民的目的不是避税。即使免税政策明天就取消，格蕾丝认为她的数字游民客户还将继续当下的生活——为了自由，而不仅仅为了省钱。

即使你一直住在自己的国家，多考虑税务问题也没有错。在美国，州政府依赖它，你也是。2021年，阿拉斯加州、佛罗里达州、内华达州、新罕布什尔州、南达科他州、田纳西州、得克萨斯州、华盛顿州和怀俄明州9个州压根不征收任何个人所得税，而且大多数州都将这视为吸引人才的策略。这可能是这么多人选择达拉斯的一个原因——那些营销网站提醒人们，搬到得克萨斯州的人已经节省了数千美元的纳税额。

美国的减税措施使人口流动性大增。根据加州大学伯克利分校经济学家恩里科·莫雷蒂（Enrico Moretti）和旧金山联邦储备银行负责微观经济研究的副总裁丹尼尔·威尔逊（Daniel Wilson）在2017年的一项研究，当2006年纽约将高收入者的个人所得税税率从7.5%降至6.85%之后，每年都能吸引来科学家或受过良好高等教育的精英。这是一笔财富，正如恩里科和丹尼尔指出的那样，随着时间的推移，这种影响可能会呈指数级增长，提升当地创新能力并吸引其他科学家。

事实上，没有个人所得税的州，其人口增长速度比税收高的州，如俄勒冈州和威斯康星州等，高了109%。GDP和就业机会也是如此。根据美国立法交流委员会（American Legislative Exchange Council）的说法，这表明生活在税收低的州，你更有可能创业、雇用其他人或成为自由职业者。

银行账户里的钱越多，搬到税收低的州好处也越多。2019年《纽约时报》的一篇文章描述了科技工作者为了税收优惠，蜂拥地将他们IPO的财富从加利福尼亚州转移到得克萨斯州或佛罗里达州。Facebook的联合创始人爱德华多·萨维林（Eduardo Saverin）甚至放弃了美国公民身份，搬到了新加坡。这就是旗帜理论的作用。

可能你没有数百万的创业收益需要交税，但仅计算个人所得税，住在夏威夷州檀香山年收入10万美元的单身人士，如果住在新罕布什尔州汉诺威，预计每年可以少缴纳7 228美元的州税。这可不是什么小事。

税务很复杂，如果它在很大程度上会影响到你的选址决策，那么在采取重大决策之前，你最好先咨询会计师，让他们帮你仔细检查计算结果。如果你是远程办公，可能会根据公司所在地而不是你自己的居住地交税。或者你有可能为了弥补较低的州所得税而支付巨额的财产税，或者你要计算多个纳税等级，以确定需要缴纳多少税。比如，加利福尼亚州就有9个纳税等级。

我们确实需要花点时间考虑一下我们居住地方的税收政策。没有人喜欢交税，当城市通过吹嘘"我们是最便宜的"来竞相吸引和留住人才时，他们在打价格战。但正如赛思·戈丁（Seth Godin）所说："每个大品牌，哪怕那些价格低廉的，都是因为其他因素而非价格低廉而闻名。"

税收是维持城市运转的动力，因此如果你是探寻者，请考虑一下这些税收是否被用来美化城市。这座城市的学校排名怎么样？图书馆里有你想读的书吗？是否有娱乐中心和游泳池等公共设施？道路是否维护良好？有美丽的公园或花园吗？市政府看起来人手充足、效率高吗？交警部门响应及时吗？

如果你能享受到你在当地交税所带来的好处，那么当你交税时，心情或许不那么糟。

把交税看作是对心仪城镇的有回报的投资。

少花钱，多赚钱

如果你想增加你的净资产，有两个手段：少花钱或者多赚钱。 许多地理套利的实践者专注于"少花钱"，搬迁到一个可以在住房、交税和基本生活上更省钱的地方，使他们的收入可以花更长时间。即使是企业也这样做。风险投资公司"元创资本"（Initialized Capital）在 2020 年的一项调查显示，在其投资的公司中，超过 30% 打算实现完全远程化。相比之下，疫情前这个数字为 20%。对这些公司来说，取消公司总部作为员工实体聚焦地的地位，也就是成为企业漫游者，可以减少管理费用，获得更多正向现金流，并提高员工的生活质量。

2017 年，软件公司 Zapier 上了新闻头条，因为他们向 85 名员工提供了每人 1 万美元的"搬迁套餐"，任何想离开旧金山的人都可以用它来支付搬家费用。Zapier 联合创始人韦德·福斯特（Wade Foster）在公司博客上解释了"搬迁套餐"背后的想法：虽然旧金山湾区是技术工人的大联盟，但这里高昂的生活成本使员工陷入被地点困住的窘境，他们永远无法有真正扎根的感觉。"尽管热爱该地，但现实情况是，我们中的许多人需要寻找其他地方，才能为家人创造我们想要的生活。"

Zapier 老板给予了所有员工搬迁的机会，无论他们身在何处，都可以拿到旧金山湾区工资水平的薪水。大多数员工的年收入已经超过 9 万美元，虽然略低于旧金山收入的中位数，但几乎是印第安纳波利斯等城市收入中位数的两倍。这是对地理套利力量的认可，用 Zapier 的说法："拿了钱就跑。"

但并非所有公司都如此慷慨。有些公司在计算工资时会根据员工生活成本的差异来调整，认为向低生活成本地方的员工支付更少的工资是合理的。在科技公司 Buffer，巴塞罗那工程师的收入仅为布鲁克林相同职位收入的 85%。此类薪酬制度削弱了地理套利的潜力。

不过，地域流动性也可能使你更加灵活地赚钱。例如，莎伦·谢恩（Sharon Tseung）在独自去欧洲旅行后想要尝试数字游民的生活，但她需要弄清楚如何从财务上实现这个想法。因此，她仔细浏览了 YouTube 视频，了解数字游民如何创业或远程工作，并从《富爸爸，穷爸爸》和《每周工作 4 小时》等书中收集秘籍。

这些视频和书中有几个核心观念让她印象深刻：金钱可以让你自由地设计生活；不要为钱工作，而是让钱为你工作；累计资产，而不是负债；如果你不想永远工作，就开启被动收入流。

莎伦在财务方面一直非常精明，她在 22 岁时买了一套可出租房产，并认真地考虑发展可以在国外轻松管理的微型企业。莎伦开始在 Etsy[①] 上销售她自己设计的 Photoshop 和 Microsoft Word 模板。她加入了亚马逊的 Merch 项目[②]，按需定做设计服装。她博客上的广告给她带来了相当稳定的收入。"这是从积极工作到被动收入的全面转变。"莎伦说。

当莎伦开始这种新的工作方式后，她痴迷于记录开支：成为数字游民的第一年，她花费了大约 1.7 万美元。她真正的想法是尽快提高她的被动收入。两年后，当她回到湾区时，她的净资产比离开时更高。

约翰·福伯格（John Forberger）是处理企业间科技关系的自由职业者，

---

① Etsy 是一个网络商店平台，以手工艺成品买卖为主要特色。——编者注
② 亚马逊官方推出的针对美国独立设计师卖家的一个扶持计划。——译者注

我身安处是职场
IF YOU COULD LIVE ANYWHERE

在疫情期间移居到了加拿大（因为他的合作伙伴是加拿大人），这让他能够在为美国客户服务时有划算的汇率。"我们住在这里感觉所有东西都像有28%的折扣。"

在其他地方，可能更容易开展副业或创业。这或许是令人鼓舞的一件事。

在巴拿马的生活减轻了珀金斯一家的经济压力，苏珊娜终于可以有余力来考虑一下她的职业生涯。她是一名自由职业者，从事写作、设计和网站建设。"在去巴拿马之前，我在金钱上的压力很大，甚至几乎没法专心工作，"她说，"找到下一个项目需要有一定程度的创造性思维，这对于当时的我来说几乎是不可能的。"

现在，她抱着笔记本电脑蜷缩在吊床上，正在为一个网站进行头脑风暴，她在这个网站上教用户如何构建自己的网站。8年后，该网站仍然是她的主要收入来源。如果当初她没有搬到巴拿马，她认为自己就不会创建它，更不会再创建一个关于在海外退休的网站。

2012年，苏珊娜自行统计并发布了一份全球城市生活质量排名报告。从维也纳到温哥华，大多数名列前茅的地方都贵得离谱。

但苏珊娜相信，如果你喜欢冒险，生活成本低的小镇可以让数字游民过上美好的生活。虽然她和马克已经搬回佛罗里达州照顾年迈的父母，但他们计划未来返回海外。目前，他们正看着自己的孩子成为地理套利专家。在疫情期间，他们的一个儿子，一名软件工程师，从西雅图搬到了加勒比海的安提瓜岛。"他目睹了人们从旧金山、西雅图、波士顿、纽约等一些生活昂贵的城市开始外迁。"苏珊娜说，"为什么不去别的地方？每月花费2 000美元就可以拥有 280 平方米的房子的地方。"

> **选址策略：财富**

无论收入如何，数字游民都可以利用地理套利让他们的选择有所回报。搬到住房更便宜、税收更低且总体生活成本更低的地方，可以减轻财务压力，甚至可能激励你探索新的工作领域。以下是利用地理套利创造财富的更多方法。

1. 不要只关注最大的项目。 住房和税收占了平均预算的最大部分，当考虑地理套利时，它们通常是我们最为关注的。不过也不要忽视其他会随着地点变化的费用，包括托儿服务、食物、燃料等。你在公路旅行中是否惊讶地发现州与州之间的汽油价格差异很大？记录你目前的开支并制定预算，预估它们在新城市中会发生的变化。

2. 减少一辆车。 95% 的美国人拥有一辆汽车，但如果你选择了适合步行或骑行的城市，或者有稳定公共交通的城市，你每年可以节省超过 1 万美元。只需减少开车次数就可以省钱。

3. 计算搬家费用。 根据美国搬家和仓储协会（American Moving and Storage Association）的数据，长途搬家的平均费用约为 5 000 美元；如果你搬到海外，预计会支付更多费用。

你可以自己动手打包，租一辆 U-Haul① 搬家货车，或者提前出售家具，这样可以少搬点东西。如果搬到低生活成本地方是为了省钱，请计算实际搬迁所需的费用。

4. 试试以租养贷。真正的 FIRE 运动追随者通常会通过购买多户复式公寓或公寓楼，只住在其中一个单元中，然后出租其他单元来以租养贷。在负担得起的城市，租金收入不仅可以偿还抵押贷款，还有可能带来额外收入。次一点的以租养贷方式是找个室友租自己的房子一起住。

5. 在娱乐活动上精打细算。美好的生活意味着你有能力做你热爱的事情，无论是滑雪、看演出，还是在五星级餐厅吃饭。你可能会在海外尝试新奇的娱乐和休闲活动，但无论你住在哪里，明智的做法都会为你省钱。做一个志愿服务的引座员，你就可以免费观看演出；或者在外面吃午餐，而不是晚餐，因为午餐总是更便宜。

6. 请注意预料之外的开支。如果你搬到一个你不熟悉的地方，你可能会惊恐地发现那里的房子需要一个新屋顶；燃气真的很贵；因为天气更冷，所以需要开更长时间空调。你无法预料搬一次家的所有财务连锁反应，所以多准备些钱以应对预料之外的开支。

7. 关注在地理套利上有影响力的人。一些数字游民似乎透

---

① U-Haul 是美国的一家搬运和仓储租赁公司，服务范围涵盖租车、搬家服务以及仓储服务等。——编者注

明地生活在网上，他们会公开在低生活成本地区的生活开支以及对他们生活的影响。我最喜欢的一个博主全家从旧金山搬到葡萄牙，他们实现了 FIRE 运动的目标。

地点调研：得克萨斯州威奇托福尔斯市

人口： 约 105 000

最便宜： 根据最佳生活成本计算器，如果把美国的平均生活成本算作 100，那么威奇托福尔斯为 74.5，这使它成为 2021 年美国排名第五的生活成本最低的地方。威奇托福尔斯的住房特别便宜，比旧金山的房价低 93%。而且因为在得克萨斯州，所以也没有州个人所得税！

物超所值： 将威奇托福尔斯想象成一个待修缮的小破屋，它有很多未被发现的潜力：不到 7 万美元就可以买到一栋结构良好、马上可以翻新的平房；2.5 万美元可以买到新小区中一大片土地；15 万美元可以买到一套三居室红砖房。租房者也会很满意，因为市中心有很多历史建筑被不断盘活，现在已经变成了时尚的公寓；一所有 89 年历史且至今仍保存完好的房子，每月只需 1 055 美元就可以在其中租到一套两居室公寓。

有谁搬到了这里： 刚组建的家庭、加利福尼亚州难民、退休人员、曾经在威奇托福尔斯度过了美好时光的军人，或者只是在互联网上发现在这里可以以低于 10 万美元的价格购买房屋的人。他们的共同点是：寻求更低的生活成本。

这里有什么：这里有谢泼德空军基地、中西部州立大学、水上乐园和艺术博物馆。威奇托福尔斯是抚养孩子的好地方，当地高中的毕业率高达 99%。

就是这里了：威奇托福尔斯距达拉斯、登顿和俄克拉何马城仅几个小时的路程，所以它既不是郊区也不是远郊。这是一个独立的城市，拥有自己蓬勃发展的社区。从加利福尼亚州搬来的房地产经纪人黛比·多宾斯（Debbie Dobbins）称威奇托福尔斯"它不太大，也不太小，刚刚好"。她认为住在这里非常划算，基本上没有债务，这使她能够经营公司并为社区活动捐款。低廉的生活成本也使威奇托福尔斯成为单身女性的好去处：她们无须伴侣的收入支持就可以购买房屋。

为什么这么便宜：威奇托福尔斯起初是一个繁荣的石油城市，后来，因为地理位置过于偏僻使得它没有发展起来，最终萧条了。这里的住房并不像大城市那样短缺。随着投资者的涌入和愿意掏钱的加利福尼亚人的到来，这种情况可能会发生变化。即便如此，搬到威奇托福尔斯的人们通常是想要过一种慢生活。"我们这里不堵车，只需 15 分钟就可以从市的一端到达另一端，"黛比说，"感觉比大城市更友善。"

现在你可以：

- ✅ 利用不同地点的生活成本差异来省钱；
- ✅ 了解哪些城市生活成本更低；
- ✅ 少花钱、多赚钱。

第 6 章

心中有创意，
哪里都是硅谷

IF YOU

COULD LIVE

ANYWHERE

你是否：

- ✓ 缺少资金，想创业却不知从何下手？
- ✓ 缺少动力，难以迈出创业的第一步？
- ✓ 缺乏经验，在创业之路上举步维艰？

珍妮·艾伦认为,只有百万富翁才能在加利福尼亚州开办自己的面包店。

可珍妮·艾伦不是百万富翁。

她是一名接受过专业培训的糕点师,为了生活在加利福尼亚州圣克鲁斯的贫困线以上,她打了两份工。她和摄影师丈夫诺尔斯住在一起。珍妮白天是一名小学的阅读老师,晚上是一位宿舍的管理员。在工作间隙,她像母亲照顾婴儿一样细心地培育她的天然酵母。她的同事们吃了她烤的酸面包后都赞不绝口。

珍妮梦想着开一家自己的面包店。不过在圣克鲁斯,她永远无法以烘焙为生。贫困就像是噩梦一样每日缠绕着她。当房东把公寓的租金从1 400美元涨到1 600美元时,她和诺尔斯不得不搬家:去哪里弄这增加的200美元租金呢?

2015年的一天,珍妮突然醒悟:既然我们可以在任何地方工作,那为什么要留在这里?

珍妮不是一个用笔记本电脑工作的传统数字游民,但她意识到全国各地都有小学,她认为在其他地方找到一份类似的工作不会太费劲。她的想法一点儿没错，那年夏天，她和诺尔斯开始了为期30天的越野露营之旅，对美国其他地方进行了实地考察。

这对夫妇爱上了北卡罗来纳州，特别是格雷厄姆，这是一个位于I-40公路旁的小镇，在格林斯伯勒和查珀尔希尔（教堂山）之间。格雷厄姆税收很低。因为曾经住在加利福尼亚州，所以，当他们看到格雷厄姆的房价时感觉很惊讶：谢天谢地，价格可以接受。他们以不到10万美元的价格购买了立于一片林地中的120平方米的砖房。这是他们成年后拥有过的最大空间。

北卡罗来纳州的低生活成本给了他们经济上喘息的机会，珍妮重新萌生了开面包店的想法，她打算叫它"酸面包店"。

为了试水，珍妮为一场当地企业家的会议提供了一些面包样品。她家附近农贸市场的工作人员问她是否愿意在那里设一个摊位。珍妮脑中闪过的念头是：这太不可思议了。她脱口而出："我愿意！"她惊异地发现格雷厄姆的每个人都迫切希望她能成功。"那些美食爱好者和企业家们希望酸面包店成为格雷厄姆经济蓬勃发展的一部分。"

珍妮在Kickstarter[①]发起了一次众筹，用来支付厨房的租金和购买原材料，这些共花费了5 000美元。很快，她不仅在农贸市场销售酸面包，还给当地的餐馆和市场供应面包。

珍妮的"碳水化合物"是减肥人士的杀手。它们简直是完美的糕点：金黄、酥脆。周六早上，她的商品会在农贸市场全部卖光。常客们兴高采烈地前来购买饼干、起酥条和奶油蛋卷。

---

① Kickstarter是一个专为具有创意方案的企业筹资的众筹网络平台。——编者注

酸面包店生意非常好，于是，珍妮辞去了在小学的工作，开始全职烘焙，这是她从烹饪学校毕业后一直以来的梦想，而这个梦想在加利福尼亚州很难实现。如果她没有搬到格雷厄姆，她就不可能成功。

企业内的创业者

世界上有很多个"珍妮·艾伦"。根据2019年的一项调查，至少有2 400万美国人想象有一天自己会创业，尽管只有大约1 500万美国人真正放手一搏。创业这事想起来容易做起来难，近30%的初创企业头两年就失败了。

创业者发现新产品或服务的市场机会并用来获取商业回报。而数字游民比任何人都更有可能尝试一条没有人走过的路，原因有以下几点：

第一，他们想要自由。可以在任何地方工作的远程员工需要依赖雇主的恩惠；雇主可以随意决定或限制员工的居住地点，如仅限于公司所在的州内。如果你想自主选择日常居住和工作的地方，你可能不得不创业。

第二，如果你打算定居在某个乡村社区和小城镇，你可能需要自主创业。因为在这些地方，就业机会非常有限，真正想留在那里的人需要自己创造机会。

第三，成为创业者的人和成为漫游者与探寻者的人，性格特征上存在共性。他们都是冒险家，对新的冒险行为和想法持开放态度，喜欢拓展自己的生活方式。促使一个人卖掉他们的房子去印度尼西亚的内在力量，可能也促使他们创立自己的日语翻译公司或家政服务公司。

无论你是否对经营自己的企业感兴趣，很多数字游民都从更具创业精神的心态中受益，他们热衷于解决问题、创造新观念并及时把握机会。甚至市值数十亿美元的公司也开始鼓励内部创业活动，让员工像创业者一样思考。欧莱雅集团运营着一个内部孵化器。动视公司（Activision）是《魔兽世界》等游戏的发行商，该公司每年都会举办一场竞赛，在比赛中，员工团队将获得5 000美元的资金来解决公司真正遇到的挑战。波士顿咨询公司（Boston Consulting Group）的一项研究发现，有这种创业精神的公司可以获得的市场份额是竞争对手的4倍。在现代企业文化中，具有创业精神的公司才能蓬勃发展。

具有高水平创业活动的社区更有可能蓬勃发展。研究表明，具有高水平创业活动的社区往往会有更高的GDP增长速度、更多的财富和就业机会，这是投资当地的品质生活与潜在人才带来的一连串潜在收益。正如珍妮·艾伦在格雷厄姆发现的一样，生活在创业生态中，当地居民与你一样急于开展业务，这促使你勇于承担风险，并将你所有最疯狂的想法变成赚钱的工具。这些地方为机会创造了沃土，无论你是否打算放弃每年交税的生活，地方的创业水平都值得在你的选址策略中占有一席之地。

雄心勃勃的城市

"伟大的城市吸引雄心勃勃的人。"Y Combinator联合创始人保罗·格雷厄姆（Paul Graham）写道，"当你走近时，你可以感受到伟大的城市以上百种微妙的方式向你传达一个信息：你可以做得更多，你应该更加努力。"

第 6 章　心中有创意，哪里都是硅谷

你的城镇就是你的办公室，就像热情的队友或动力十足的同事可以提升你对工作的参与度一样，创业社区可以将积极性传递给居民。集体奋斗的氛围推动着你前进，这在很大程度上是因为你也想为社区变得更好做出自己的贡献。

例如，在缅因州的巴克斯波特，居民正在修建一条河滨步道。不过如果你曾在那里散步，就会发现主街上根本没有地方可以歇脚、喝杯酒，这就是一个需要填补的空白，而对于创业者来说，这种空白总是很好的推动力。科琳·克罗斯（Colleen Gross）和迈克尔·克罗斯（Michael Gross）注意到了这一点，他们已经用后院种植的葡萄酿造出了不错的葡萄酒。

社区经济跌至谷底反倒鼓舞了克罗斯夫妇这样热爱冒险的人。这里有什么可失去的？怀着经营欧式小吃店和酒吧的愿望，科琳和迈克尔在巴克斯波特市中心租下了建于 1824 年的海伍德故居，这一举动当即受到了当地居民热情的支持。"每个人都对这个小镇的发展潜力持积极态度，"科琳说，"他们很兴奋，终于有一些具体的事情落地了。"

一切都快马加鞭地进行：镇上帮他们申请了营业执照，银行提供了一笔很划算的商业贷款，经济发展办公室为他们提供了企业管理的资源，而商会则帮忙推广他们的餐厅。"这种发展速度令人难以置信。"科琳说。

镇上另一家餐馆的老板乔治甚至给他们提出了建议。当我告诉科琳，乔治会帮助潜在的竞争对手是件多么令人惊讶的事情时，她说："乔治的哲学是，越多越好。"水涨船高。

克罗斯夫妇的餐厅在 2016 年 6 月开业。开展一项新业务并非易事，不让餐厅倒闭更是如此。在全国范围内，新雇主的业务实现率不到 10%。业务

实现率是一种通过在开业两年内雇用员工情况来衡量业务发展的指标，而事实上，科琳和迈克尔大部分时间都在自己管理餐厅，科琳还在当地学区担任职业规划助理，迈克尔在高中担任商业老师。

但很快，事情越来越多，于是他们聘请了员工来帮助他们。夏天是餐厅的旺季，他们雇用了7个人，科琳辞去工作全职管理餐厅。疫情时期很艰难，只允许两个人堂食。但他们仍在坚持，因为他们想向巴克斯波特所有希望他们成功的居民证明他们可以，为了他们自己，也为了小镇，他们相信可以跨越这道坎。

一些城市似乎天然具有一种全社区创业的氛围，即使这份雄心壮志来自城镇之外。例如，密歇根州的拉丁顿是一片有着樱桃园和小农场的土地，一个孕育着创业先驱精神的地方。克里斯·辛普勒（Chris Simpler）和珍娜·辛普勒（Jenna Simpler）在这里定居的时候就感受到这样的精神。

辛普勒夫妇的选址愿望清单长得像手臂：开一家民宿，客人可以走出前门，直接步行进入市中心，经过商店、餐厅、酒吧，直达湖泊或海滩。不过，当来到密歇根湖畔拥有8100人的小镇拉丁顿时，他们惊异地发现有年头的卡地亚公馆满足了他们几乎全部的要求。

当辛普勒夫妇还住在纽约的时候，他们就开始接触拉丁顿的居民，"他们接受了我们，就好像我们来自当地一样，"克里斯说，"没有'你是个外来者，别带着大城市的想法来我们这里'的情形。"拉丁顿民宿协会由7家小旅馆组成，像一个有机体一样运作。这座小镇雄心勃勃，这两个数字游民很快融入当地，并被当地共同成功的精神所吸引。

问问你自己：什么样的地方会使你更相信自己的能力？什么样的地方能

使你朝着更雄心勃勃的目标前进？什么样的地方会促使你实现一个曾经思考了几个月或几年的梦想？还有，什么样的地方能够提供资源让你做成大事？

构建真正的创业生态

归根结底，仅有创业精神和机会是不够的。作为数字游民，你希望住在一个能真正辅助你更好地完成工作的地方，无论是发展业务、推出新业务，还是只做一名远程工作者。**真正的创业生态可以提供实打实的资源，可以帮助你实现目标。**

当拉尼·纳瓦罗·福斯（Rani Navarro Force）准备在堪萨斯州小小的沃西纳开设一家无麸质面包店时，她打电话咨询的第一个人是非营利组织堪萨斯东北部企业促进会（Northeast Kansas Enterprise Facilitation，NKEF）的特雷莎·麦卡纳尼（Teresa McAnerney），"我需要做什么才能在堪萨斯州开店？"拉尼问。

在拥有两千人口的沃西纳，拉尼已经找到了一个之前是咖啡馆的出租门店，她知道在那里可以卖她的商品。一位品尝过她的无麸质蓝莓松饼的同事对此赞不绝口："它尝起来就和普通松饼一样，不过它好吃多了！"拉尼的女儿斯蒂芬妮在十几岁的时候因严重的麸质过敏落下了残疾，在那之后她就开发了无麸质面包、纸杯蛋糕和肉桂卷，吃过的人都认为它们很美味。

沃西纳是一座悠闲的城市，主要街道的车辆都好像拖拉机一样缓慢前行，在这样一个地方做一个小众的生意是否有意义？特雷莎让拉尼放心。特雷莎是一位精力充沛的金发女郎，天生的网络社交达人，她认识沃西纳5个县的几乎每一位企业家，她与各界密切合作，能帮助解决财务、基础设施、市场、政策、文化或人才方面的各种问题。如果特雷莎不知道答案，她也一定知道谁会知道。拉尼所要做的就是询问特雷莎。

提问是非常重要的。NKEF 提倡的园艺方法是基于意大利老人欧内斯托·西罗利（Ernesto Sirolli）开创的西罗利方法。西罗利在他 21 岁时从意大利搬到非洲，为一个非政府组织工作。在他的第一个项目中，他和他的同事打算教生活在赞比西河附近的赞比亚人种植西红柿和西葫芦。他们不明白为什么这么肥沃的山谷却没有农业。不过不用担心，意大利人会解决这个问题的！

西罗利和他的同事很庆幸自己及时赶到，拯救了饥饿的赞比亚人，他们种的西红柿长得像在意大利的阳光下一样茂盛。这是一场胜利！

然而，有一天晚上，200 只河马从河里跑出来，把所有西红柿都吃光了。正如西罗利在 TED 演讲中所描述的那样，他们痛苦地惊呼：''我的上帝，河马！''

''是的，这就是为什么我们这里没有农业。''赞比亚人回答。

''你为什么不告诉我们？''

''你从来没有问过。''

西罗利大为震撼，于是他决定，为了推动当地的发展，他要先了解需求，而不是将自己的目标强加于他人。从那时起，他开始像专业媒人一样，将当地社区中冒出的好主意与实现它们所需的任何外部知识和资源联系起来。''成为热情的仆人，协助有梦想的当地人成为更好的人。''他解释说。

在西澳大利亚的一个渔村，西罗利帮助一名在车库熏鱼的毛利人与珀斯

第 6 章　心中有创意，哪里都是硅谷

一家愿意购买鱼的餐馆建立了联系。消息传开后，又有 5 个渔民来找他。西罗利建议他们将新鲜捕获的金枪鱼运往日本，在那里以每千克 15 美元的价格出售，而不是以每千克 60 美分卖给当地罐头厂。一年之内，西罗利帮助完成了 27 个不同的项目。他称自己的方法为"商业撮合"，他此后又在全球 300 多个社区中使用这一方法协助开办了 4 万家企业。

"商业撮合"方法的关键是没有人在独自战斗。西罗利说，想要取得成功，企业家必须创造出色的产品、进行营销并管理公司的财务。一个人要做的事情太多，因此几乎不可能同时完成好这三项工作。像特雷莎这样的协调者承担了桥梁的作用，为当地企业家找到所需的人才、技术、建议、金钱，甚至是鼓励，助力他们蓬勃发展。

特雷莎在堪萨斯州东北部的 5 个县工作，她恪守西罗利的"商业撮合"方法，为当地热情服务，但是她永远不会先接触你。不过一旦你向她提及自己创业的打算，时机就成熟了。她会问你一些问题：你对你的生意有什么想法？你想要达到什么目的？你需要什么样的帮助？她会教你如何写商业计划书，会在麦当劳分发你的名片。乡村地区的自雇水平略高于郊区和城市，创业成为数字游民的一种生活方式。特雷莎会竭尽全力帮助你的企业在这里存活下去。

特雷莎可能还会邀请你参加 NKEF 的月度会议，该会议由大约 75 名地区企业家和小企业主参加，他们在当地一家餐厅的宴会厅为大家提供建议。当拉尼没有如期赚到钱，她会向 NKEF 寻求帮助。"使收入来源多样化！"他们告诉她。在人流量有限的小镇，"我们总是问我们的客户，'你还有什么秘密武器？'"特雷莎说。

NKEF 帮助拉尼制订了一项计划：批发销售她的烘焙食品，并帮她与堪

萨斯州立大学的一位食品科学家取得联系，后者可以测试她的食谱的营养价值和保质期。NKEF 帮助拉尼获得了商业贷款，找到了批量制造和包装食品的设施。现在，拉尼的无麸质产品在中西部 175 家杂货店销售。

客户无须对这些服务付费，特雷莎从 NKEF 覆盖的 5 个县的捐款中获取酬劳。其他所有人，包括 NKEF 的成员，都是志愿者，他们中的很多人曾经得到过 NKEF 的帮助。"我们只是想帮助其他人，"特雷莎说，"这真的是利他主义。"

当然，并没有纯粹的利他主义。就像"远程肖尔斯"项目不仅仅是为了资助远程工作者一样，NKEF 的最终目的是建立当地的创业生态：为当地居民创造更多就业机会、增加当地的税收和降低当地的生活成本，吸引数字游民在这里实现他们的梦想。他们希望客户的企业成功，不仅因为这会让客户感到满足，也因为客户的成功会给整个社区带来更多的经济回报。

同时企业家们创造的市民经济也很有价值，它能让全社区居民的生活更美好。根据荷兰的一项研究，当地企业主们更愿意介入社区问题；研究人员猜测，在社区问题上花更多时间让他们更能彰显自己的意志，也对自己解决问题的能力更有信心。同时，贝勒大学的一项研究表明，受过高等教育的人，即每个城市都想吸引和留住的那种人才，更有可能留在有大量当地零售商的社区里，因为他们认为当地零售商是高品质生活的一部分。

18 年来，NKEF 已帮助了 1 500 多名客户，协助创立了 266 家企业。最近，NKEF 帮助拉尼找到了一个场所，以便面包店可以扩大其生产线。有一段时间，拉尼考虑将业务转移到一个拥有更好供应链的大城市，不过，她与堪萨斯州的乡村建立了紧密的连接，并且很感激在那里得到的所有帮助，所以她留了下来。

高潜力地区

即使对于像我这样的个人从业者，创业也是围绕着人际关系展开的。正如耶鲁大学管理学院的社会学家奥拉夫·索伦森（Olav Sorenson）所说："看到他人创业，尤其是自己认识的人创业，会促使人们也成为创业者。"仅仅接触你镇上的创业者，你就会相信自己也可以做他们正在做的事情，你会去发现商机，合理规划路径并将其作为职业的选择。当你的邻居是创业者时，你尝试创业的概率也会增加。

在创业风气盛行的地方，创业者也更容易得到资金。在美国，78%的风险投资投给了来自美国三个州——加利福尼亚州、马萨诸塞州和纽约州的创业者。我曾经听一位来自曼哈顿的风险投资家解释说，当她找到自己感兴趣的企业时，只有当创始人愿意将公司迁往纽约时她才会投资，这样她就可以利用自己在当地的资源给项目提供指导、人脉和供应链上的帮助。

风险投资公司红杉资本（Sequoia Capital），其总部位于加利福尼亚州的门洛帕克，距离斯坦福大学不到两千米。红杉资本的地点规则更加严格：如果他们无法骑自行车到达这家公司，他们就不会投资。在他们1977年的第一批投资对象中有一家名为Apple的小公司，Apple后来的成功说明他们的地点规则似乎可行。

不过这种"仅限此处"的原则可能正在发生变化。如今，很大一部分投资公司的目标是精准投资企业，这些企业大都位于旧金山、洛杉矶、波士顿和纽约等都市中心之外。美国在线（AOL）的创始人史蒂夫·凯斯（Steve Case）将他的种子基金命名为"其他人的崛起"（Rise of the Rest），投资他所谓的"高潜力地区"，主要是拥有新兴创业生态系统的中型城市，如盐湖城、里士满、伯明翰和列克星敦，给希望住在那里的数字游民提供资助。正如作家帕特里克·西森（Patrick Sisson）指出的那样，中型城市提供了"一种更平易近人、以邻里为导向的城市生活方式，曾经许多人在这种生活方式的吸引下涌向了大城市"。

作为吸引人才的策略，也有一些地方会提供商业投资。例如，密苏里州的开普吉拉多推出一项奖励，给予搬迁到那里并且发展业务一年以上的企业家5万美元。在智利政府的资助下，一项名为"启动智利"（Start-Up Chile）的计划在第一年里就向来自14个不同国家的22家初创公司提供了大约2.5万美元，以及免费的办公空间、创业指导和签证，资助的要求是创始人在那里居住并工作满6个月。智利政府的目标是把智利变成世界上最重要的创业生态系统之一。

在后疫情时代，地理位置和投资之间的绑定正在消失。"每个人都在各种地方投资，人们在任何地方与任何人开会。"SHE的创始人兼首席执行官、数字游民丽娜·帕特尔（Rina Patel）说。SHE是一个针对青少年女性的在线社交和情感社区。丽娜是一个漫游者，她非常珍惜自己可以自由选择地点的权利，她是MBA毕业班里唯一拒绝了办公室工作的人，因为她担心办公室工作会影响她选择住所的自由。"也许这种行为很能代表千禧一代。"她笑着说。创业让她可以在地理上保持流动性，于是当她听到很多年轻的创业者都住在迈阿密的时候，她就出发去了那里。

最近，在与潜在投资者的电话会议上，丽娜被建议："如果一个投资者告诉你必须搬到一个城市他们才投资你，那你就立刻寻找其他投资者。因为地理位置根本不应成为被投资的先决条件。"你可以用一个伟大的想法赚钱，并继续做一个数字游民。另外，许多规模较小的融资仍然源于当地，由银行、信用合作社和非营利组织提供，如果他们认识你，他们就更愿意投资。甚至珍妮·艾伦也吸引了当地的资助者为酸面包店众筹。

然而，对于大多数创业者来说，最常见的启动资金的来源是自己的储蓄。哪怕在这种资金来源上，合适的地方也可以提供助力。

当阿里安娜·奥戴尔（Arianna O'Dell）一时兴起辞去纽约的工作时，她以每月 400 美元的利润转租了她的公寓，并拿着多余的钱搬到了西班牙的巴塞罗那。当马上就要入不敷出的时候，她迫不得已地创办了自己的营销和设计公司。后来，她又开了一家网店和一家歌曲创作公司。

如果在纽约生活每月要花费 5 000 美元，那么在西班牙圣地亚哥德孔波斯特拉的生活费用可能会是 1 786 美元，搬去后者生活可以节省约 60% 的生活费。对于阿里安娜来说，地理套利让她成为自己的风险投资人，她用省下的钱为自己的事业和生活筹备了资金，5 个月内节省了约 6 000 美元。

无论你从事何种工作，你所在地方的人都愿意在财务上和情感上进行投资，这为数字游民创造了一种可能性，它可以让你住在想要住的地方。正如加勒特·穆恩（Garrett Moon）在《企业家》（*Entrepreneur*）杂志中所写："在创业的全新时代，地理位置不应该阻止任何人创办公司。实际上，它可以成为一项巨大的资产。"

当每个人都认真做事，每个人都能做得更好

地方经济是台复杂的机器。一个有着繁华店面、充满活力的小镇与一个有着破旧购物中心的地方之所以不同，其原因不是单一的。

但我们知道，一般来说，创业社区会产生更多的经济活动，可以有效提高当地 GDP 水平，它们更有可能创新地解决自己的经济和社区问题，并从经济周期的低迷中恢复。"在全球经济疲软的背景下，我们常常可以看到像是博尔德这种创业密度高的城市，它们的经济相当强劲。"创业生态系统专家布拉德·费尔德（Brad Feld）在他的《创客社区》（*Start-up Communities*）一书中写道。

据研究，在疫情期间，美国最具经济稳定性的社区是那些拥有能够支持当地抱负和创业精神的地方。例如，在艾奥瓦州的迪比克，乔丹·德格雷（Jordan DeGree）定期在他的创业实验室（Innovation Lab）指导小镇的创业者，他的创业实验室是一个位于市中心的共享办公空间，在那里乔丹会见小镇的创业者。2020 年春季的疫情停工威胁着乔丹的商业模式，就像它威胁到其他所有人的商业模式一样。

乔丹有一个大胆的想法：让社区为所有试图在疫情中生存的小企业主提供免费辅导，成立一个公共事业委员会，像银行和基金会一样投资。乔丹的创业实验室转向做生存指导，对创业者进行线上一对一辅导。比如瑜伽老师莫莉·施赖伯（Molly Schreiber），她在 30 多所小学开设正念课程，而这些学校因疫情而关闭，她为此很崩溃。"我快没生意了，"她告诉乔丹，"我们不得不裁员。我不知道是否能够挺过这关。"

乔丹说："好吧，让我们从帮助莫莉开始。"

经过几次会议，乔丹帮助莫莉想清楚了如何将她的服务转到线上。这一新的线上模式发展很好。不到一年，莫莉的项目就推广到了 215 所学校。她雇用了 5 名新员工，总收入增加了 300%。

在疫情的第一年，乔丹和他的两个队友辅导了创业者主要居住在中西部小镇的 100 多家企业，其中 85% 的企业实现了业务正增长。乔丹认为这是数字游民的胜利。"如果我们成为一个统一的、千篇一律的国家，"乔丹告诉我，"人们就失去了选择适合他们的地点、工作和生活方式的权利。"

当创业的势头蓬勃发展时，数字游民的队伍也在壮大。你可能永远不会经营那种需要生存指导课程的企业，或者像珍妮·艾伦一样开一家决定命运的实体面包店并在某处定居。但是在一个可以为创业者提供支持、指导和投资的社区中，只要你愿意创业，你就可以创业。这是一个令人满意的想法。一个有抱负和机会的地方文化可以帮助你从事任何数字游民的工作，更不用说在一个充满活力的地方会让你更加快乐。当我们都认真做事，每个人都能做得更好。

> **选址策略：创业**

数字游民不必创业也可以从创业生态系统优良的地区中受益，这可以使他们更大胆、更愿意承担风险，并在工作和生活中更有创意。以下方法是关于如何在自己的社区中寻找和支持创业者，或者干脆成为他们的一员。

1. 联系当地商会。在大多数社区，商会是小企业主的资源中心。参加社交活动，报名参加新人培训，如果可能的话加入一个委员会。现在，也有更多的商会积极致力于为远程工作者提供服务。

2. 寻求当地的帮助。 让某个当地人了解你的业务有利于提升当地的创造力和创新能力，而创造力和创新能力正是成功的关键。如果你找不到免费的辅导课程，你可以聘请社区中的创业成功者做你的导师。

3. 投资当地人。 当我在 Kickstarter 的搜索栏中输入我所在城镇的名称时，网页上出现了 81 个寻求资助的项目。一位当地艺术家打算出版一本漫画书，一位创业者正准备开一家酒吧，另一个人计划开一家扎染 T 恤店。投资当地人，助力他们实现创业梦想。

4. 参加创业周。 具有创业精神的社区会举办向公众开放的商业计划书竞赛等活动，这种活动通常依赖于公众的参与和投票。

5. 参加"100 万杯"（1 Million Cups）活动，或者在你的社区举办这种活动。 "100 万杯"活动是由考夫曼基金会（Kauffman Foundation）发起的一项免费活动，在美国 150 个社区举办，从南达科他州的阿伯丁到加利福尼亚州的尤巴城。企业家和社区成员聚在一起喝咖啡，每次都与不同的创业者集体头脑风暴和提供反馈。

6. 阅读当地商业刊物。 堪萨斯和克利夫兰等较大的社区提供在线或纸质杂志，以记录当地商业社区的动态。如果一个城市有一个商业刊物，哪怕只是当地报纸上有专门的商业版块，这就是一个很好的信号，表明当地正在建立一个创业生态系统。

7. 学习如何创业。当地网站应该可以告诉你将你梦寐以求的事情作为副业需要做些什么。如果你能够在线申请当地的营业执照则更是锦上添花。

地点调研：缅因州卡姆登市

人口：约 5 000

与海洋的距离：0 米，但正式的港口坐落在佩诺布斯科特湾。

著名之处：富裕精英的避暑胜地，比如作家大卫·麦卡洛（David McCullough）和电影制片人 J. J.·艾布拉姆斯（J. J. Abrams）。

为什么是适合创业的好地方：数字游民要有聪明才智才能在乡村生活得更好。当艾莉萨·赫斯勒（Alissa Hessler）爱上她丈夫时，他刚刚在缅因州中部海岸贷款买房。作为土生土长的加利福尼亚人，艾莉萨对缅因州的印象是："龙虾和寒冷。"不过爱情占了上风，她辞去了在一家科技公司做全球产品发布的工作，搬到了缅因州。为了赚钱，艾莉萨和丈夫成立了一家平面设计公司，建立网站、拍照、撰写文案，并为当地企业制订营销计划。他们还做旅行摄影工作。"我正在利用以前从事的不同职业中所获得的技能，为自己创造工作。"她说如果她留在大城市，大概永远不会做这样的事情。

为什么这里的创业门槛较低：这里机会更多，竞争更少，开销更低。艾莉萨询问当地人缺少什么：咖啡店、书店，还是游客中心？缺什么她就提供什么。一对夫妇在缅因州的另一个小镇开了一家啤酒坊，他们的邻居想要什么，他们就提供什么，不管是音乐现场、户外烧烤还是冬季围炉夜话。"当地人看到年轻人搬进来，开始做事并愿意与人交谈，他们都非常愿意帮忙，"艾莉萨说，"现在当地人都觉得这些商业带来了好处。"

梦想与现实：搬到缅因州后，艾莉萨与丈夫开了一家农场。农场不像听上去那么迷人，他们需要亲自清洗水槽和砍柴。"我想说我在这里比在大城市工作要努力得多，但所有工作都让我更有成就感。"

奇怪的交易：在卡姆登，人们更喜欢以物易物。作为营销和设计工作的报酬，艾莉萨得到了针灸服务、冷冻鸡，还有她最喜欢的卡姆登亚洲餐厅的泰国菜。

小镇副业：为了记录其他城市居民的生活，艾莉萨推出了一个网站，她后来将该网站的内容整理成了一本书，又开设了播客。通过与众多的数字游民交谈，她知道他们正在寻找能够让他们自力更生、靠近大自然、生活质量高以及物价更便宜的地方。"如果你能在皇后区买一套单间公寓，你就可以在这里买一套五居室的房子，"艾莉萨说，"如果你不必住在城市里就可以做你正在做的事情，为什么不试试呢？"

现在你可以：

- 选择生活在创业门槛更低的社区；
- 定居在富于创业精神的高潜力社区；
- 寻找当地社区需要填补的创业空白；
- 从当地的创业生态系统获益。

第 7 章

越融入，越成长

IF YOU
COULD LIVE
ANYWHERE

你是否：

✓ 在互联网时代感觉越来越孤独？
✓ 担心成为数字游民后会更加孤独？
✓ 担心远程工作会降低工作效率？
✓ 希望在新地方也能快速建立人际关系？

凯特·施瓦茨勒（Kate Schwarzler）时常到访俄勒冈州的独立城，一个人口数量只有 1 万的城市。很多年后她才突然意识到："我喜欢这里。这是我想要居住的地方，在这里我可以过上想要的生活。"

独立城是凯特父母居住的地方，也是凯特长大的地方。她在这里度过了一个又一个漫长的假期和夏季周末，见证了缓慢的经济复苏过程：先是修复了一座市中心建筑，接下来又新开了一家面包店。

凯特想知道作为一名景观设计师的她该如何适应当地的工作。她现在居住在丹佛，这里有很多工作机会。而独立城更像是一座木材小镇，完全依赖单一行业，以至于随着伐木业土崩瓦解而衰落。人口数量只有 900 人的霍尔西也是如此。凯特在独立城明白了："如果你想要一份好工作，最好'随身携带'一份。"

凯特就这样做了。首先，她开办了自己的景观设计咨询公司 CREO Solutions。公司发展很顺利，不过她很想念以前和同事一起在办公室工作的日子。她猜测独立城隐藏着很多和她一样的数字游民，包括远程工作者、自由职业者、创业者和顾问，他们或许也渴望当地有一个共享办公空间。

我身安处是职场
IF YOU COULD LIVE ANYWHERE

独立城的市中心有一座漂亮的老歌剧院，这座歌剧院已经闲置了10年。凯特一时兴起打电话给房东，表明她想在那里开一个共享办公空间。房东表示同意并愿意做一些修缮。2016年4月，凯特的共享办公空间 Indy Commons 成立了。

共享办公空间的发展起起落落，比较有名的共享办公空间是 WeWork，它是由一对创业者发起的，起因是他们想要出租他们在布鲁克林大厦里的闲置空间。到2015年，WeWork 在全球运营着54个共享办公空间，其中包括豪华的女性共享办公空间 The Wing。3万名客户在共享办公空间中相互交流，可以说 WeWork 抢占了大部分市场份额。

对于 WeWork 来说，2020年的情况变得很糟糕，报道称由于管理不善和财务状况不佳，该公司470亿美元的估值在一个月内暴跌了70%。古怪的联合创始人兼首席执行官亚当·诺伊曼（Adam Neumann）下台。最终该公司的 IPO 计划被完全搁置。

另外，像 WeWork 这样的公司不仅仅是出租办公空间。他们正在推销一种相互赋能的工作社区的概念，这个概念吸引了一群狂热的粉丝。在 WeWork 会员中，54%的人表示 WeWork 帮助他们加速了公司的发展。在另一项调查中，90%的人对他们选择 WeWork 的决定感到满意。

办公室这种形态在疫情期间受到了重创，甚至《经济学人》2020年4月刊中有一篇文章名为《办公室之死》（Death of the Office），但是办公室可以将人们聚集在同一个空间里，在这方面它仍有作用。

一些人似乎喜欢办公室生活，但是一些人正为此苦恼。2020年10月，在一项对700名疫情期间转为远程工作者的全职员工的调查中，人们说他们最想念的是同事、朋友之间的社交活动。人们想念的其他事物有：面对面的会议、与同事共进午餐、面对面协作、与他人的偶遇以及向他人学习。大约 30% 的远程工作者甚至想要更多茶水间闲聊的机会。

技术人才可以说是最有可能永远保持远程工作状态的人。根据一项调查，近一半的科技工作者在疫情期间搬家，这表明他们正在远离在办公室办公的日常生活。然而，疫情后，75% 的人呼吁重返办公室，尽管还是有超过 66% 的人更喜欢每周有几天居家办公的工作模式。

研究表明，与同事有实质接触更容易建立合作关系，促进有效的沟通，让你对工作有更广泛的了解，并使你更具创新性。同事之间的互动越偶然，效果就越好。

倾向于在办公室工作的一部分原因源自大部分人天生就是社会型生物，可我认为我不是。作为一个内向的独立创业者，我总是一个人工作。

在疫情初期，我尝试在一个名为 Caveday 的虚拟共享办公空间里完成工作。每次我会登录一个有大约 100 名陌生人的 Zoom 房间，我们一起进行 3 个小时的工作冲刺，中间可以短暂地舒展休息。

每次休息我们都会被随机分到不同的讨论室，与其他两三个 Caveday 成员一组，与他们讨论自己计划开展的工作以及希望忘记的事情，如电子邮件或生存危机。有时，我们会讨论会议主持人提供的话题："你 13 岁时听过什么乐队的歌曲？""你提高工作效率的秘诀是什么？"

坦率地说，我从未真正体会过共事的魅力。在我成为自由职业者之前，也就是 20 岁出头在办公室的短暂时光中，我每天最害怕的插曲是被年长的同事拽着在各个工作场所闲聊，聊天话题包括公司老板酗酒等问题。我想说：让我一个人待着！让我回去工作！但我从来没有说出口。我放弃了。

所以 Caveday 让我感到惊讶。与其他人一起工作，尽管他们只是 Zoom 上的人像视频，我却发现自己意外地充满活力并且专注。当分心时我会盯着这些专注的陌生人，直到我自己回过神来。我真的不知道其他人在做什么，但很明显每个人都在努力工作，他们专注地抿着嘴唇，在电脑屏幕的光线下眯着眼睛。一个人在白板上写下了高深莫测的数学方程式——多么美好的工作模式。

看到我虚拟共享办公空间中的每个人都在工作，就可以让我的工作效率提高，这让我颇为震惊。尽管社会科学家很长时间以来都知道，如果感觉到自己有观众，人们往往会更加努力地工作。在我发表了关于 Caveday 的文章后，我成了它的会员。这本书的大部分内容就是在 Caveday 中写成的。

我并不是倡导要使用 Zoom 和其他技术工具来取代面对面的互动。各种各样的互动都很重要，在自己选择的地理范围内与人互动更为重要。

当你可以在任何地方工作时，你就可以自己选择在哪里居住。你还可以选择日常工作的地点，不管是沙发还是家庭办公室。你应该考虑一下自己想要什么样的工作环境。什么样的工作环境让你感觉精力充沛、效率高、与他人有连接？你喜欢一个人工作，还是愿意邀请更多的人加入你的生活？

作为数字游民，你的城镇就是你的办公室，因此你的"同事"就是你社区中的人，可能他们也是你未来的办公室伙伴。作为选址策略的一部分，你或许应该为他们预留空间。

集群，让你因找到同好的人而受益

当与他人一起工作时，我们会做得很好。这被称为集群理论（cluster theory）的个人经济版本。

在经济发展中，集群理论是指当产业聚集在一起时，产业会不断成长并发展得更加出色。哈佛商学院教授迈克尔·波特（Michael Porter）在《哈佛商业评论》中写道："世界经济地图由我所说的集群主导，集群就是使得某个地方在特定领域取得超强竞争力的关键群体。"

即使你可以在线上订购任何你想要的东西，但是"全球经济中持久的竞争优势越来越多地来自当地的知识、关系与生产力，远方的竞争对手无法与之匹敌"。不管是北卡罗来纳州的家具制造商，波士顿的共同基金公司还是意大利北部的高端鞋业，都要受当地的影响。

这就像肖尔斯试图吸引科技工作者，于是科技公司开始在那里落址一样。一旦引来一家科技公司，其他公司也会接踵而来。同类企业在同一地点可以相互合作，形成更大、更专业的人才库，共享供应链会产生规模经济。对于数字游民来说，集群理论的工作原理是这样的：**在某地你可能会因其他人与你做相似的事情而受益。不管他们这么做是为了生存，还是为了兴趣爱好。**

这也是瑞安·米塔的想法，他在一家童书出版公司做销售。当疫情来袭时，他正住在布鲁克林，见证了朋友和同事逃离这座城市的情形。公司的一位设计师搬到了佛罗里达州，一名营销人员搬到了纳什维尔。"我知道，现在团队中几乎每个人都不住在纽约。"瑞安告诉我。

所以，当瑞安的租约在 2020 年 10 月到期后，他搬到了得克萨斯州的奥斯汀。瑞安之所以搬家，是出于依托集群理论的两点动机：第一，他在那里有几个朋友，他可以利用他们的社交网络。第二，他知道奥斯汀是几家大型教育技术公司的大本营，他希望转向该领域。他用 Zoom 联系到当地朋友的朋友，并且利用现有的人脉与他感兴趣的公司取得了联系。

在奥斯汀的社交比瑞安想象的要困难。有时，他那习惯了纽约的大脑会被奥斯汀南方人的那种友善弄糊涂。比如，收银员在杂货店与他闲聊的时候，他不明白她是不是对他感兴趣，是不是应该约她出去。数字游民面临着额外的复杂性，即在构建新的社交和商业网络的同时，还要接触新同事。"我们大多数人主要是通过工作与当地社区取得联系。"肖恩·布兰达（Sean Blanda）这样说。肖恩是一家科技公司的主编，她可以选择在任意地点工作。她在《卫报》上写道："如果你不在当地工作，你必须加倍努力才能建立连接。"

社交实际上也是工作，一项研究将其列为数字游民通常从事的 4 类劳动之一。其他 3 类分别是统筹工作，如做计划、安排日程或组织活动；深度工作，如写作、编辑或写代码；协作工作，如与客户或合作者沟通，可以说是另一种社交工作。

每天的工作是否需要协作或者需要网络，这都会改变你对工作环境的喜好。深度工作通常需要独处，更适合在家庭办公室或工作室完成。但是对于社交工作、协作工作，甚至是不太需要专注的统筹工作而言，你可能更喜欢和同事一起办公，共享办公空间就更加适合你。

瑞安最喜欢 Caveday，这也是我第一次见到他的地方。作为探寻者或漫游者的数字游民，面对面地工作是更好的选择。根据一项研究，90% 的员工在加入共享办公空间后表示更快乐。对于工作来说，这是一件好事：绝大多数人表示，他们在共享办公空间扩展了业务网络并提高了工作效率。有一半人表示，共同工作带来了新的工作机会。

埃丝特·英曼（Esther Inman）就是这种情况，她是一名数字游民，她的丈夫是一名海军陆战队队员，她随着丈夫的派遣搬到了巴厘岛。巴厘岛很吸引人的部分是它有广泛的共享办公文化，岛上几乎所有的外籍创业者和数字游民都聚集在十几个共享办公空间里。

埃丝特发现巴厘岛的共享办公空间里充满活力、令人振奋。"在那里每个人都在做很酷的事情。"她说。当被一群相似的人包围，"你再也不会觉得'哦，我不能那样做，那太难了，没有人愿意听我说'，我完全打消了这种念头"。

在某种程度上，一个活跃的共享办公空间可以构建微型的创业生态系统，人们可以验证彼此的想法并相互指导。你在自己旁边的办公桌上就可以证明：如果你努力工作，或许可以做一些很酷的事情。

在如此忙碌和雄心勃勃的环境中工作，埃丝特不仅得到了情感上的支持，而且也得到了实际的帮助。她一直在经营一家虚拟助理中介公司，不过目前她正在考虑将重心转移到在线培训课程上。在仓古共享办公空间，她的数字游民伙伴们都很热情，他们中的许多人都建立了自己的在线课程。"每个人都说，'是的，你应该这样做；这是你该做的原因；我们可以这样帮你；我有这样的资源；你应该听听她的播客'。"埃丝特回忆道，"而在美国，我会和谁谈论这个？与我的导师进行视频交流？这真是差别太大了。"

慷慨的资源共享使得不可能的事情变得可行。埃丝特在巴厘岛的一位朋友尽管对时装行业知之甚少,但竟然推出了一个时装系列,因为她的同事知道附近有一家不错的服装厂。

一些共享办公空间非常擅长培育创新,以至于更像是非正式的孵化器或加速器。这些组织的宗旨是帮助企业启动和发展。有这么多创业者和热爱思考的人在附近工作,这种社区的氛围使得每个人想问题更深远,工作更努力。

用社会学家雷·奥尔登伯格(Ray Oldenburg)的话来说,共享办公空间是"第三空间",因为它不完全是办公室,人们选择在那里而非被迫在那里,它也不完全是家,而是介于两者之间的东西,可以培养联系并创建社区。在巴厘岛,埃丝特在共享办公空间的夜间讲座和社交活动中与他人建立了浓厚的友谊。

现在埃丝特有点不情愿地住在北卡罗来纳州的阿什维尔,她仍然运行着她在巴厘岛创建的虚拟助理在线项目,该项目已经有 4 000 多名学生注册。她还积极致力于培育她在海外喜欢的那种社区。她选择阿什维尔的部分原因是它拥有活跃的创业者社区,还有她可以加入的共享办公空间。

她知道,阿什维尔的情况可能不一样。也许,她会考虑在这里开设自己的共享办公空间,就像她喜欢的仓古共享办公空间一样。

友谊就像约会

当数字游民一起工作时,他们更有可能成功,他们也更愿意社交。83%的受访者表示,与他人一起工作让他们不那么孤独。超过一半的人说他们在下班后或周末与一起工作的人出去玩。

这并非一件微不足道的事，因为根据保险公司信诺（Cigna）的一项调查，人们的孤独感正在越来越强烈，61% 的美国成年人认为他们有时或总是感到孤独。孤独感在人们的心理上和身体上都造成了伤害。在综合几项研究后，杨百翰大学的一个团队得出了一个令人震惊的结论，即长期孤独和与世隔绝对健康造成的危害，与肥胖、酗酒或每天一包烟的习惯一样危险，大约会缩短 5 年的寿命。

并不是每个形单影只的人都会感到孤独，孤独是因为你拥有的社会关系无法满足你的需求。作为一名远程工作者或四海为家的自由职业者，你可能会错过常规的人际关系，也有可能不会，这取决于你的个性和社会支持系统。

不过总的来说，我们很多人的孤独感越来越强烈，影响孤独的因素多种多样、无处不在，比如社交媒体[①]、心理健康、不确定性以及生活的变化，如离婚、退休或搬到一个新城镇。作为远程工作者，孤独的感觉会加剧。

2010 年，中国旅行服务商携程的高管想做一个尝试，通过让员工在家工作来节省上海办公室的昂贵租金。大约 125 名客服中心的工作人员报名参加了这项尝试。

9 个月后，携程远程工作组的工作效率比在办公室的同事高出了约 13%，休息和病假也更少，电话完成率更高。携程的高管很高兴，他们打算将所有人都送回家工作，这样可以节省数百万美元！

---

① 73% 的社交媒体重度用户表示他们感到孤独。

我身安处是职场
IF YOU COULD LIVE ANYWHERE

不过也有消极的一面，在家办公的团队中有一半人想要回到办公室工作。他们都有空余的房间可以工作，家里也没有孩子或室友，那为什么会这样？根据斯坦福大学经济学教授尼古拉斯·布卢姆（Nicholas Bloom）的说法，"孤独是最大的一个原因"。

20%的远程工作者表示，在疫情之前，孤独是他们最大的挑战。在疫情隔离期间，情况不出所料变得更糟。在英国的一项调查中，超过一半的人认为孤独是他们想要回到办公室的原因。"我认为年轻人尤其需要这种关系。"总部位于伦敦的人力资源咨询公司"人民集体"（People Collective）的联合创始人马特·布拉德伯恩（Matt Bradburn）说。

我们都容易感到孤独。漫游者很少会在一个地方待足够长的时间，因此无法建立牢固的社会关系。探寻者面临的最大的生活转变是经常搬家，需要在新地方重建社交网络。即使是定居者也应注意到，对现有社交网络的投资并不能使社交圈子不断扩大。

作为数字游民，无论你当下在哪里，都必须有意识地建立和维护一个面对面的社交网络，一个哪怕完全在线工作也不会影响到你的生活的社交网络。如果没有朋友和你在酒吧度过益智问答之夜，没有邻居会在你出城时帮你喂狗，你住在任何地方都很难有家的感觉。

蒂法尼·耶茨·马丁（Tiffany Yates Martin）开玩笑说应该有一个找朋友的网站。作为四海为家的作家和编辑，她于2007年搬到奥斯汀，并在一周内遇到了她未来的丈夫乔尔。然而她仍然认为那是相对孤独的一年。

蒂法尼每隔一段时间就会搬家，她会在新的地方找一份固定的工作，不管是在学校还是在社会团体。奥斯汀是她作为数字游民搬入的第一个城市，因为她想搬到那里。这意味着"所有事情都要从头开始,"她说,"这的确很耗费时间。"

蒂法尼发现,如果她想扩大自己的小社交圈,就必须积极主动。于是,她开始寻找与她有共同语言的人,比如其他作家。在《奥斯汀纪事报》(*The Austin Chronicle*)上,她看到了一个写作与评论小组的活动列表,于是她加入其中。后来,她被安排去校对当地一位作家的书,后者成了她最好的朋友。

她甚至加入了美国浪漫主义作家协会的奥斯汀分会。"我不是浪漫主义作家,但我写女性小说,"蒂法尼说,"这二者很接近。"她的工作与她的个人兴趣非常吻合,因此围绕工作建立联系会带来真正的友谊。

蒂法尼渐渐知道了:**即使是超级友好的社区,社交也不会自然地发生。**你需要加入现有的小圈子,如教堂或志愿者组织,主动与你感兴趣的朋友联系,参加聚会或安排自己的聚会。蒂法尼现在有很多当地朋友,她总是在派对和工作活动中试图寻找更多的朋友。尽管她没有自己的孩子,她也常常和邻居的妈妈们一起出去玩,仅仅因为她喜欢她们。

就像约会一样,建立友谊需要勇气,比如邀请你认识的人喝咖啡或远足,作为新人出席一个你不认识任何人的会议。

但你不会总是新人。最近,蒂法尼和她的丈夫一直在考虑搬家,逃离奥斯汀的闷热,并寻找一个税率较低的地方,也许是北卡罗来纳州。但让她犹豫不决的是要放弃她在奥斯汀这些亲密的朋友和熟人。

不过,如果他们真的搬家,她也有了一个计划。首先,她会找到女性小说作家协会的当地分会,她已经是该协会的成员。"这将是一种非常简单的方式，只需说'嗨，我是刚来的，不过我们有一个共同的兴趣'。"蒂法尼说。

让我们一起生活

很明显，我们都在寻找社区和归属感，无论是在工作中还是在居住的地方。"家就是社区所在的地方。"未来学家瓦妮萨·梅森（Vanessa Mason）写道。事实上，瓦妮萨预测，在未来的世界中，我们要通过生活在一起来创造归属感。"婚姻的推迟和现代工作场所的压力，几乎打破了以家庭为核心的社会文化组织形式，共同生活（colive）将会成为全新的生活方式。"

瓦妮萨所说的共同生活或者共同住房（cohouse）可能不是你想象中的嬉皮士社区。她描述了年轻人通过在同一个街区购买房屋、在同一小区内租用公寓、安排集体托儿服务或一起投资，找到一种有归属感的数字游民生活。

WeWork 的一个分支是 WeLive，这是一种新型的公寓大楼，居民可以在大楼内租用私人工作室，优先享用该大楼提供的休息室、健身房和游戏中心等共享设施。对于那些在一个特定的地方会待上几个月的数字游民，WeLive 提供了比 WeWork 共享办公空间更深层次的连结，但归根结底，二者出于同样的底层逻辑。

一家名为 Common 的共享公寓公司认为，远程工作者可能希望通过与他人住在一起来消除孤独感。Common 采取的方法是，在美国 9 个生活成本高的城市出租私人房间，包括纽约、旧金山和西雅图。共用套房就像是升级后的大学宿舍，它的租金很便宜，但大多数居民选择它是因为共同工作、共同生活与共同娱乐的体验。

玛丽亚·塞尔廷（Maria Selting）在瑞典斯德哥尔摩选择了合租社区。她于 2016 年 9 月在巴塞罗那组织了一个名为"100 女孩编程"的夏令营，她非常喜欢夏令营的氛围，因此加入了一个名为"WiFi 部落"的数字游民组织。与 WiFi 部落成员的连结，让玛丽亚重新体验了"100 女孩编程"夏令营的感觉。

作为在斯德哥尔摩一家金融科技公司工作的数字游民，玛丽亚和她的 WiFi 部落朋友组成了一个迷你商业集群，这并不是说他们和她做同样的事：他们是内容创作者、设计者、自由职业者、创业者和音乐家。但玛丽亚与他们成了事实上的同事，她从他们身上发现了一种新的工作方式。"我一直是个非常自律的好女孩，"她说，"你知道，设置闹钟起床，在工作前去健身房。"她的座右铭是"咖啡解决所有问题"。

现在她学会了新的节奏：足够的睡眠、自然醒、限制在办公桌前的时间。疲惫时就去散步，精力充沛时就工作。令人惊讶的是，她比以往任何时候都更有效率，而且坐在椅子上的时间更少了。

当疫情来袭时，玛丽亚在国外，所以她不得不急忙飞回瑞典。在空荡荡的公寓里她感觉很孤独，她非常想念 WiFi 部落。"人与人之间的连结让我有了归属感。"她说。

为了再次复制"100 女孩编程"夏令营的氛围，玛丽亚搬进了斯德哥尔摩的一个合租社区。合租房在瑞典并不少见，因为瑞典的房价使千禧一代和

Z 世代望而却步。甚至瑞典语中有一个词叫 mambo，指的是 20 多岁和 30 多岁的单身人士，他们因为找不到自己的公寓仍与父母住在一起。

玛丽亚也知道，作为世界上比较个人主义的国家，瑞典的孤独程度很高。共同生活让她重新过上了她作为漫游者所喜爱的社交生活，同时在她想要成为定居者的时候可以让她扎根于此。深入思考了共同生活这一新现象的利弊后，玛丽亚甚至开了一个讲述共同生活的播客，并计划在未来创建自己的共同生活空间。

共同生活空间并不是 WiFi 部落的完美替代品。在 WiFi 部落中，"每个人都在同一天入住，同一天退房。所以你们总是处于同一个阶段，与此同时每个人都想要认识彼此、共同体验生活"。而当玛丽亚搬进共同生活空间时，一些居民已经在那里住了两年。

然而，玛丽亚很重视向其他人学习，不管是她近乎无私的同事，还是其他人，只要他们可以为她的工作指引方向，激励她并为她赋能。为了她自己，她将继续留在斯德哥尔摩。

2020 年 8 月，共享公寓公司 Common 宣布了下一阶段的商业模式：创建"远程工作中心"。这个中心面向年轻数字游民，是共享公寓与共享办公空间的结合。

该中心正在以下地区建设项目：新奥尔良、阿肯色州的本顿维尔、犹他州的奥格登、北卡罗来纳州的落基山、纽约州罗切斯特。

在你想去的地方，与其他也想在那里工作和生活的人一起工作和生活，这听起来像是数字游民的抗孤独解药。

社区萌芽

2020年的疫情显然打破了平衡，改变了人们通常共事的方式。小镇顾问德布·布朗和贝姬·麦克雷给乡村社区提供建议，他们认为，吸引数字游民需要考虑三件事：更快的互联网连接；为数字游民提供更多聚会空间，包括咖啡店、图书馆和兼作第三空间的共享办公空间；帮助数字游民建立相互联系的活动。

德布的一位朋友在得克萨斯州的朗德罗克创建了一个数字游民社区，她邀请人们聚集在一起做各自的项目，产生集体生产力的氛围。"有几个星期只有她一个人，"德布说，"也有几个星期有很多人，这就是一个社区发展的开始。"

凯特开始考虑收取租金：她在俄勒冈州独立城的共享办公空间Indy Commons，大办公桌每月收取300美元。

并非所有人都认为小镇需要共享办公空间。一些当地人告诉凯特，她永远不会成功，因为她是一个来自丹佛这种大城市的局外人，压根不属于这里。除非她安装传真机，否则没人会来。

凯特将目标降低，并告诉自己，两年内填满16张办公桌就是一场胜利。尽管如此，早期的发展还是超级缓慢。"不过我知道这会实现，只是可能不那么容易，"她说，"需要让人们了解我在做的事情。"

一天，从明尼苏达州搬到独立城的独立律师唐娜加入了Indy Commons，这样她就可以在厨房餐桌之外拥有一个工作空间。一个程序员也来选了一张桌子。之后来了更多的律师，还有一个爆破公司老板和一个当地众议院的代表。

凯特知道人们每月支付 300 美元并不是为了免费的咖啡和无线网络，他们选择这里是为了社区。在 Indy Commons，你可以获得其他人的反馈，或者进行一场鼓舞人心的闲谈。有时，几个行业完全不相关的成员会开始聊天，一个人提出一个令人兴奋的建议，恰好解决了另一个人的问题。一次有位成员问凯特："我要运输很多东西，邮局是最好的选择吗？"从远处的办公桌上传来一声微弱但有力的"不"。于是这位成员得知了一个运输更方便的方式。"能和其他专业人士在一起的感觉真好，哪怕不是专业人士也很好。"凯特说。

对于 Indy Commons 的成员来说，仅仅在一个共享的工作空间中就可以更加专注，从而取得更大的成功。一位《纽约时报》的作家描述了他加入 WeWork 的经历："提高了工作效率，少了些迷茫。"如果这就是我们与其他人一起工作所能获得的，那也就足够了。

不过，凯特思考得更长远。最近，她把 Indy Commons 搬到了一家旧餐厅，这样她就可以提供更多便利设施，如播客室和单独的活动空间。在共享的厨房中，当地种植者可以将卖不出去的西红柿制成番茄酱，或者开设保存食物的课程。这会创建一个小规模的经济集群，使其成员更好地适应各行各业变化无常的起起落落。"这个社区就是为了帮助彼此，确保我们一起变得更强大。"凯特说。

她希望帮助乡村社区的农民、企业主、社区成员和数字游民最终找到可以盈利和自给自足的生计。如果一切顺利，Indy Commons 将为小城镇提供一种方式，以结束它们对单一行业或单一雇主的依赖，结束整个城镇的生死都取决于单一行业和雇主是否能成功的历史。Indy Commons 将成为一个具有韧性的地方，数字游民可以"在他们喜欢的地方创造真正优质的生活"，即使是在一个叫作独立城的小镇，她也相信他们可以共同实现这一目标。

在疫情期间，凯特通过 Indy Commons 的非营利项目"独立创意中心"获得了冠状病毒救济基金[①]的资助，她用这笔资金帮助独立城的创业者建立了电子商务网站，将他们的产品放到网上。凯特深知数字化的重要性。

生活在同一个地方，人们之间面对面的交往也很重要。凯特尽一切可能争取那些决定离开大城市到其他地方工作的人来到独立城，所以她最近为共享办公空间订购了一台啤酒机。

选址策略：连接

由于没有标准的办公室，数字游民需要在他们居住的地方建立自己的工作和社交圈子。在自己居住的地方，与朋友、导师或者事实上的同事保持联系，可以提高职业－人员－目标的满意度，让你更快乐地留在自己的城镇。以下是与他人建立连接的方法。

1. 加入共享办公空间。 社区拥有共享办公空间表明他们非常重视接待数字游民。比如密歇根州的哈伯斯普林斯的共享办公空间，表明当地政府也参与其中。

[①] 美国财政部设立了 1 500 亿美元的冠状病毒救济基金，为受疫情影响的个人、家庭和企业提供紧急援助和医疗保障。——编者注

2. 找到你的社交切入点。 如果你不去办公室，则需要找到其他方式在新的城镇快速结交新朋友。弄清楚在你的候选城镇中，吸引你的是什么。是参加公园活动还是加入足球队？是注册成为俱乐部新会员还是在社区花园中种菜？

3. 追随你的家人。 在疫情期间，很多人搬到离家人更近的地方。虽然这并不能消除建立其他类型人际关系的需求，但的确对缓解孤独感有帮助。

4. 为当地的远程工作者开设专属的 Slack 频道。 佛蒙特州的伯灵顿为许多当地人和在线工作的居民提供了一个虚拟的茶水间。这个茶水间的会员人数在疫情期间飙升，他们还用它来筹办线下聚会。

5. 加入一个网络小组。 你可能不喜欢上网，但几乎每个城镇都有青年专业人士的网络小组，当你试图成为新社区的一部分时，它是一个很好的起点。

6. 计划一次聚会。 "创意早餐"（Creative Mornings）在全球都设有分支机构，它每个月会举办针对创意专业人士的早餐讲座系列。如果你所在的城市还没有"创意早餐"，你可以开辟一个。或者你可以举办另一种聚会，聚集和你一样工作的人：程序员、平面设计师、农民等。

7. 围绕当地商圈创建社区。 位于市中心的零售商店通常会组成可以逛街的商业街，围绕当地商业创建社区也是种方式。

8. 参加社区入门课程。 全国各地的社区都提供这些课程，通过它们你会更好地理解为什么社区总是建立良好关系的起点。

📍 地点调研：密歇根州兰辛市

人口：约 117 000

天气：每年约有 120 厘米的降雪量，你或许对此早有耳闻，但兰辛的气候比密歇根州的其他大多数地方的气候更宜人。

这里有什么：密歇根州的圆顶和尖顶国会大厦。兰辛也是密歇根州立大学的所在地，拥有近 4 万名本科生。

为什么这是一个找寻工作社区的好地方：因为有 Fledge，这是一个共享办公空间/企业孵化器/社区中心，建在有 90 多年历史的教堂里。

你会在那里找到：1 000 多平方米的艺术家工作室、创客空间和会议室，为青少年和成人举办的每天多达 9 场的活动，有编程俱乐部和剑术研讨会。Fledge 是杰里·诺里斯（Jerry Norris）的创意，他曾经是软件行业的创业者，他想回馈他的家乡。杰里的家乡很贫困，他认为"天才在贫困中消失了"。Fledge 于 2018 年在兰辛开业，迄今为止，项目学习、实践辅助和头脑风暴已帮助了大约 600 个企业、非营利组织和社区项目。

座右铭："没问题。"无论你有什么想法，Fledge 的工作人员都会帮助你实现它。无论你是想开着电动车送货，为获得假释的罪犯开发一个应用程序，还是在区块链上出售数字艺术产品。Fledge 的基本理念之一是彻底的包容性：无论你是谁，杰里都希望你能找到自己的快乐。即使你已经 70 岁，梦想是建造一个永动机，杰里和 Fledge 的成员也愿意提供帮助。事实上，这个中心被命名为 Fledge，意思就是鸟群在编队飞行，鸟群由大家轮流带领。[1]

偶尔混乱：杰里认为小的混乱是进程的一部分。"当经济发展部门的人员和艺术家委员会不知道如何帮助某人时，他们会让那个人来找我们。而那个人会有所成就，或至少学到了些东西。"资金来源也是多种多样，比如来自筹款或是赠款。最近美国小企业管理局（Small Business Administration）和美国国家科学技术委员会（National Science and Technology Council）奖励了 Fledge 2.5 万美元，用于"为未来创造更具包容性的创新生态系统"。

大空间理念："我们相信我们可以创建自己的未来，"杰里说，"我们不必从东海岸、西海岸或美国以外的地方购买未来。在我们方圆几千米的范围内，我们拥有所需的一切。"

---

[1] Fledge 的原意为幼鸟变得羽翼丰满。——编者注

现在你可以：

- ✅ 在共享办公空间与他人一起办公；
- ✅ 寻找志同道合的办公伙伴；
- ✅ 与其他远程工作者共同生活；
- ✅ 主动建立和维护一个面对面的社交网络。

第 8 章

带着创造力去工作，
带着爱与自由去生活

IF YOU

COULD LIVE

ANYWHERE

你是否：

- 从事创造性工作？
- 有时缺乏灵感和创造力？
- 认为灵感和创造力是超自然的？

第 8 章　带着创造力去工作，带着爱与自由去生活

吊在绳索上的空中飞人在舞台上空翱翔，雾气透过金色的灯光弥漫开来，一条巨大的假蛇突然滑入舞台。你或许会感到这个场景绚丽、夸张和荒诞不经，这，就是太阳马戏团的表演风格。

1984 年，街头表演者盖伊·拉利伯特（Guy Laliberté）和吉尔斯·斯特-克罗伊（Gilles Ste-Croix）在加拿大魁北克省成立了太阳马戏团。从来没有人见过这样的马戏团：没有动物，没有领班，却有着无穷的创造力。太阳马戏团以完全原创的方式将舞蹈、音乐、体操和叙事融为一体。

除了魁北克省，没有任何其他地方可以将这些元素都汇集在一起。

因为魁北克省这个讲法语的省份，没有像欧洲那样存在了 250 年的家庭马戏团和马戏学校，因此人们对马戏团没有定式思维。一切都是全新的，这使得马戏团的创始人可以从蒙特利尔最好的艺术和文化中汲取灵感。来自街头的杂耍或喷火表演者，来自国家戏剧学院的演员，来自眩晕舞蹈团的舞者，来自城市爵士音乐节的先锋音乐家，来自蒙特利尔的时尚灵感，所有这些都混合在一起并倾倒在舞台上。

一位太阳马戏团的早期参与者告诉研究人员，多伦多大学地理学教授德

博拉·莱斯利（Deborah Leslie）和康考迪亚大学地理、规划和环境学教授诺尔玛·兰蒂西（Norma Rantisi）曾评价太阳马戏团："多年以来，马戏团的艺术家都忙着变戏法，从某种角度而言，他们切断或屏蔽了其他艺术对他们的影响。不过现在他们可以看到和感觉到戏剧、音乐、舞蹈可以带来多大的改变……这是一种更具融合性的形式。"

对太阳马戏团的诞生更为有利的是：省政府将艺术和文化视为公共服务并给予了财政支持。魁北克省文化部与太阳马戏团签署了他们的第一份大合同，价值130万美元，让这家全新的马戏团在探险家雅克·卡蒂尔（Jacques Cartier）来访加拿大的纪念活动上进行表演。

第二年，当太阳马戏团进行全国巡演时，其300万美元的资金中有一半以上来自政府拨款和补贴。1987年，太阳马戏团前往洛杉矶进行首次全球巡回演出时，被视为加拿大的准大使。

根据演化经济地理学的研究，有几种原因可以解释太阳马戏团这种创造性的尝试，甚至可以解释几乎所有企业的诞生。第一种解释是路径依赖，即长期的经济命运是由决策和投资随着时间的推移而产生的累积效应决定的。

想象一下，一位企业家在当地发现了可以制作精美家具的木材。随着当地对家具需求的增长，其他工匠也开始制作家具。不久，伐木工人搬到了该地，教师开设了课程来培训木匠，家具制造商开发了新技术以扩大生产。随着时间的推移，整个社区作为一个制作木制家具的经济集群成长起来。

这就是路径依赖。随着每一项新投资的引入，社区会凝聚成一个经济集群。

还有第二种解释，那就是地方依赖。与路径依赖一样，战略和创新的累积效应很重要。但地方依赖更强调经济演变的空间维度，兰蒂西说："地方依赖更强调制度和资源如何在一个地方聚集。"

在太阳马戏团的经济演变过程中，路径依赖和地方依赖都存在，不过莱斯利和兰蒂西认为环境因素，即地方依赖是促使太阳马戏团创立的主要原因。历史因素的汇集、服装设计师与音乐家等得力的工作人员、政府的政策与支持，以及当地开放的文化和承担风险的能力，这些因素的碰撞只可能发生在魁北克省这个小角落。地方的特殊性孕育了太阳马戏团。

现在，太阳马戏团是一家跨国公司，有 3 000 多名员工，年收入 8.5 亿美元，在亚洲和欧洲都设有办事处，并在美国拉斯韦加斯和墨西哥有常驻演出。

这是独属于魁北克人的强大创造力。

天才场域与成功

对于很多数字游民而言，创造力与"我是谁"、"我如何工作"有关。据估计，30% 的美国人在从事创意领域的工作，他们是作家、艺术家、设计师、建筑师、科学家、工程师、创业者和教授。创造力也存在于我们的日常生活中，从思考晚餐做些什么到发一个能够吸引人点赞的帖子，这些都源于个人的创造力。

不过还有些事情令人费解，几近神秘：我们如何变得有创造力？为什么有些人比其他人更有创造力？

我身安处是职场
IF YOU COULD LIVE ANYWHERE

希腊人认为缪斯是创造力的源泉，而创造力的产生至今仍然是个谜，以至于人们对希腊人的解释半信半疑。无论是开发新食谱，还是为电影创作剧本，我们产生的灵感都更像是老天赐予的礼物。

相比之下，音乐家布赖恩·伊诺（Brian Eno）认为创造力更像是巧克力饼干。

作为一名艺术专业的学生，伊诺一开始以为伟大的艺术家，比如毕加索、康定斯基、伦勃朗、乔托，他们似乎无中生有，突然冒出来以一己之力引发了艺术革命——艺术史这门课不合理的教授方式，让人觉得这些伟人是凭空而来的。

后来，伊诺意识到这并不是事情的真相。"事实是，"他在 2009 年的悉尼音乐节上解释说，"艺术的发展是非常复杂的，其中涉及很多很多人，有艺术家、收藏家、策展人、思想家、理论家、了解时尚前沿动态的人士，总之各式各样的人，他们创造了一种人才生态。一些完美的作品就萌生于这个生态。"

伊诺将创造力的生态描绘成一块巧克力饼干。饼干代表着地方，里面的巧克力碎片代表着人才——每个人都生活在众多碎片之中。就像没有一块巧克力饼干上只有一个巧克力碎片一样，也不会有一个艺术家是完全没有创造力生态支撑的。

那些我们认为的孤独天才，他们实际上生存在一个由社区成员共同构建的创造力沃土中，成员们从某种意义上共同创造和延续了他们的艺术。伦勃朗可能很有天赋，但他也有自己的收藏家、经理和经纪人，以及生活和工作在同样地点的艺术家或者思想家，他们都滋养了伦勃朗的艺术。

伊诺称这种创造力生态为天才场域，它是天才和场景的混合体，代表了群体的集体智慧。"让我们暂时忘掉'天才'的概念，"他说，"让我们思考一下，整个生态里孕育了好的新想法和新工作。"天才场域就像一块巧克力饼干。

天才场域是人才在地理上聚集的产物。想想 20 世纪初的哈勒姆，涌入了大量黑人思想家、艺术家和活动家，产生了一系列创造性的作品。在哈勒姆，作家合作出版文学杂志。在社交聚会场合，他们可能会遇到关键人物，可以将他们的作品带给更广泛的受众。1924 年，在一次新书发布会上，年轻诗人兰斯顿·休斯（Langston Hughes）认识了纽约出版界的一些成员，之后他的作品开始刊登在《哈珀斯杂志》（Harper's）这类主流杂志上。

哈勒姆作为黑人创意诞生地的名声越来越大，越来越多的艺术家从其他地方移居到那里，而这群关键人物增加了每个人成功的机会。小说家佐拉·尼尔·赫斯顿（Zora Neale Hurston）从霍华德大学毕业后直接搬到了哈勒姆，在此之前，她的童年是在佛罗里达州度过的。而兰斯顿·休斯实际上是一个漫游者，他周游全国，并在芝加哥与亚特兰大等地的多所大学担任客座教授。在 20 世纪 40 年代后期，当他凑齐钱买房子时，就定居在了哈勒姆。

哈勒姆是典型的天才场域。在不同的历史时期，类似的创造力生态系统在世界各地都蓬勃发展，从雅典到佛罗伦萨再到纽约市。**合适的人聚集在合适的地方，创造比他们自己更伟大的东西。**

在《天才地理学》（Geography of Genius）一书中，埃里克·韦纳（Eric Weiner）描述了创造力天才如何回应来自内心的地域吸引，这种吸引将他们带到了有助于他们茁壮成长的环境中。对于贝多芬、莫扎特和海顿来说，这个环境就是维也纳，这座城市为作曲家提供了时间、工作空间、赞助人以及与观众接触的机会，让他们的天赋得以激发并获得认可。

即使自己不是天才也能从中受益，或者为天才场域做出贡献。奥斯汀·克莱恩（Austin Kleon）在《人人都在晒，凭什么你出彩？》（*Show Your Work*）一书中写道："成为天才场域中有价值的一部分，并不一定是因为你有多聪明或多有才华，而是你可以做出什么贡献——分享你的想法、建立有质量的关系以及开启新的对话。"

如今，我们大多数人都是在互联网上分享想法、建立关系和开启对话。当我刚开始写作时，我并不知道自己所处的社区中有多少人也正在写作，但之后我在网上找到了数百人，他们兴冲冲地在写作论坛上发帖，由此构建了一个可以推动我们共同成功的天才场域，这远远好过我们各自闷头苦干。

如果你是一名创意人员，你可能已经在互联网的思想家社区或视觉艺术家小组中找到了自己的线上天才场域。互联网就是一个拥有大量创意和资源、24小时开放的"自助餐厅"，它不仅涵盖当地，也涵盖整个世界。

那么，你还需要在居住的地方找到一个创造力社区吗？互联网有没有使地理天才场域的概念过时呢？

什么让社区更有创造力

实际上，我们是强大的内心和外部影响共同作用的产物。面对周围的环境，我们会以不同的方式行事。因此，与其他有创造力的人在同一个地方，他们会为你的工作赋能，这是在线上无法实现的。

没有什么魔法，可以让身边每个人都能思想深刻或写出有趣的《纽约客》文章。然而很明显，某些环境可以创造出一种富有群体创造力的天才场域，身处其中的每个人都会提出更有趣、更有突破性的想法。

J.R.R. 托尔金创作《指环王》、C.S. 刘易斯创作《纳尼亚传奇》的时候，他们每周都会在牛津的一家酒吧会面，创意于是在那里产生了。

多萝西·帕克（Dorothy Parker）和罗伯特·本奇利（Robert Benchley）等作家在曼哈顿的一家旅馆里创建了名为"阿冈昆圆桌会"的文学沙龙，创意于是在那里产生了。

六位诺贝尔经济学奖得主曾经在芝加哥大学的大厅里漫步，创意于是在那里产生了。

瑞典隆德大学人文地理学教授贡纳尔·托恩奎斯特（Gunnar Tornqvist）表示："新思想是在不断与周围环境互动积累的经验资本中产生的。"天才场域的一些特征包括以下几点。

- **工具和技术的迅速传播**。当一个人想出一种新方法时，他们不会将这个创意藏起来。据《连线》（Wired）杂志的创始主编凯文·凯利（Kevin Kelly）说，在分享过程中，创意会迅速从一个人流向另一个人，从而使整个社区受益。

- **相互欣赏**。一个社区中的成员相互称赞彼此的创意，创意就会蓬勃发展。有足够的友好竞争和来自同行的压力，你就更有可能继续创新和实践。

- **共享成功。**当一个人取得成就时，整个社区都会因此欢欣鼓舞，甚至资本也会相继涌入社区。例如有人赢得了麦克阿瑟天才奖或签订了一份软件开发的大合同。

- **对创新的开放。**有些地方抗拒变革，但天才场域鼓励它们的成员尝试新事物，并保护他们，帮他们屏蔽外界的反对声。叛逆者和特立独行者都会受到团体的保护，失败者也会受到鼓励。

- **各个领域的工作者。**经济集群意味着和你一起生活和工作的人，或多或少做着与你同样的事。但是当人们选择跨界互动时，创造力就会大大提升，思想交流能够产生新的内容。

- **来自不同背景的人。**当不同的文化和背景自由交融时，新的时尚、风格、技术和思维方式会像烟花一样绽放。

- **创意市场。**无论你处于什么创意领域，剧院、画廊与独立电影院这些创意市场的存在，意味着当地人和地方认可创意产品并愿意支持创意领域。

创造力是不可预测的。创作有时需要独处，有时需要喧嚣。当莱妮·卡梅隆（Lainey Cameron）辞去一份与技术相关的工作，计划在10米长的房车里完成她的小说时，她发现在这么小的空间里，永远无法不受丈夫埃里克的干扰。为了实现宁静，她最终在墨西哥的圣米格尔德阿连德租了一间带办公室的房子。

莱妮之后每天的任务是踏踏实实地投入工作，毕竟创造力在有些方面并没有那么神秘。为此，莱妮加入了一个线下作家小组，他们每周三在圣米格尔市中心聚会。"每个人都陈述自己的意图,然后安静下来写作两个小时,之后大家分享进展如何。"莱妮解释道,"没有批评,只有专注和写作的能量汇聚在一起。"

莱妮与很多其他作家都保持着线上联系,她组建了一个非常小众的女性小说作家群组。在圣米格尔的艺术家聚居地,她全身心投入了一个外籍人士的社区,社区每年主办作家会议和文学节,并且接待过玛格丽特·阿特伍德(Margaret Atwood)和伊莎贝尔·阿连德(Isabel Allende)等人。莱妮还在音乐节上做志愿者,解决舞厅里的各种技术问题。天才场域是人们参加作家会议等活动最主要的原因。

这可能就是为什么,作为选址策略的一部分,我们会关注艺术节和艺术画廊等——这是当地存在天才场域的必要条件。当怀俄明大学的线上英语教师朱利安·库奇(Julianne Couch)在研究一本书时,她发现了这个密西西比河沿岸的小镇——艾奥瓦州的贝尔维尤,她立马爱上了这里。

朱利安是作家,她的丈夫是一名画家,贝尔维尤的美让他们大吃一惊——像多佛那样的石灰岩悬崖,河面上点缀着斑斓的灯光。当地还有艺术委员会,拥有这样的艺术家资源意味着在贝尔维尤的艺术家的作品会受到重视,这就是天才场域。

朱利安还是一名业余的音乐演奏者,虽然不是很出色,不过找到一个可以弹奏吉他的乐队让她有宾至如归的感觉。一般来说,创造力就像一场即兴表演。一群不是很出色的音乐演奏者也可以围坐在一起开始一段旋律,附和并呼应彼此的音符,相互切磋。这就是天才场域可以提供给你的。

无论你从事何种创造性的工作,比如写作、绘画、音乐、发明、经营小企业，寻找一个天才场域都应该成为你选址策略的一部分。**你可以找到那些帮助你取得成功的元素，并利用它激发你的创造力。**

找到 1 000 名忠实粉丝

互联网使得通过创意来谋生更加容易。凯文·凯利的建议是，你只需要有 1 000 个忠实的粉丝，他们每个人都愿意每年支付你 100 美元。如今，最有可能出现的情形是，斯里兰卡的某个人在线购买你发布在网上的一张插图，或者你上传的一首歌。

风险投资家李晋（Li Jin）建议，如果可以给客户提供他们在其他地方无法获得的优质内容和服务，你可能仅需要 100 个真正的粉丝就可以谋生。不用说，这 100 个粉丝可能都不在你居住的城镇。所以对于手工艺者、音乐家、摄影师、动画师、开发人员和创业者，以及粉丝来说，无地域限制是一种非常美好的进步。

那么，不再需要培养当地市场的客户了吗？对于艺术家凯瑟琳·弗莱什利（Catherine Freshley）来说，当地市场才是她找到 1 000 名真正粉丝的方式。

作为军人配偶，凯瑟琳与她的空军飞行员丈夫在俄克拉何马州的伊尼德住了一段时间。伊尼德是一个偏僻的地方，距离凯瑟琳长大的、森林茂密的俄勒冈州的波特兰，无论从距离上还是从心理上都感觉非常遥远。

不过，他们也渐渐爱上了这个小镇。开车穿过乡村时，凯瑟琳会用她的手机拍下沿途的风景和日落，之后回家作画。

第 8 章　带着创造力去工作，带着爱与自由去生活

作为艺术家，搬到伊尼德对于凯瑟琳而言是一个新的开始。在很多年的抽象绘画后，她现在的创作对象转变为明亮、写实的当地风光，她迷恋上了天空，俄克拉何马州的日落洒落在她的画布上，远处一缕棉花糖般的云彩飘浮在刚刚开垦过的田野上。

凯瑟琳在艺术和生意上都很精明，她知道描绘俄克拉何马州的画作在当地社区会获得认可。她步行到市中心，和艺术画廊"伊尼德的第一个周五"（Enid's First Friday）取得联系后，这个艺术画廊邀请她在当地一家咖啡店悬挂一些作品。市民喜欢这些展示他们家乡的画作，"因此很容易引起一些关注。"她说。为了让大家清晰地了解她的作品，凯瑟琳甚至给她的画作起了本土化的名字，比如《I-35 路南》或《到斯蒂尔沃特去》。

在俄克拉何马城春天的一个节日里，6 天的人流量估计有 75 万，凯瑟琳展位上的销售额约为 1.2 万美元。在随后的 3 年里，她每次都会带更多的画作售卖并不断提高售价。2019 年，她 6 天内售出了近 2.5 万美元的画作。

凯瑟琳虽然不是土生土长的俄克拉何马州人，但她的做法很讨巧，这是许多其他艺术家都忽视的事情，该州的艺术迷们热切地将她当作当地的一员。这是有收藏家和画廊老板的天才场域，这些布赖恩·伊诺提到的饼干里的"巧克力碎片"共同呐喊着提升了凯瑟琳的地位。"很多人会说，'哦，我去了朋友家，我看到他们那里有一幅你的画'。"凯瑟琳说，"对他们来说，我好像无处不在。"

当凯瑟琳的丈夫退役后，这对夫妇在 2020 年 2 月回到了家乡波特兰。她很开心又能在光线充足的工作室工作，同时她很庆幸没有在波特兰开始艺术生涯。"在一个小城镇开始这一切非常合适，我可以获得在其他地方不会有的机会，"她说，"现在我的简历上有了这些经历，这些经历可以帮助我在

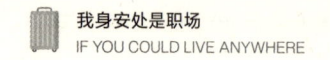

更大的城市找到相似的机会。"

凯瑟琳仍然在描绘她所看到的周围的事物。现在,《波特兰的夏末》和《樱桃季节的胡德山》成了她写实画作的标题。令人吃惊的是,她还在向中西部的收藏家出售她的作品——他们仍然在追随她。

"西海岸的人们可能会对俄克拉何马州的人嗤之以鼻,但俄克拉何马州的人对艺术很支持,"凯瑟琳说,"而且他们很实在。"他们就是她的1 000名忠实粉丝。

技艺与竞争

地方,就像创造力一样,有一些神秘。地方有自己的能量和美感,激励人们进入新的艺术阶段。

这无疑是克丽丝廷·阿斯(Kristine Arth)的亲身经历,她是Lobster Phone的创始人兼首席设计师。2018年夏天,她在法国参加了一个设计硕士课程,她说这让她意识到了创造力的最大地域差异之一:欧洲人更关心技艺,美国人更关心竞争。

在克丽丝廷所在的旧金山,"这里的心态就是,我必须比谁更好,我必须比谁生产更多,我必须比谁发表更多的演讲,我创造的东西必须比谁创造的东西更伟大,我要取代谁"。

而在法国,最有才华的人只想创造一些美丽的东西。克丽丝廷的欧洲朋友更善于合作,下班后他们喜欢谈论工作以外的事情。他们的感觉是,广泛的兴趣和投入丰富了他们的技艺。

与她旧金山的同事每周工作 70 小时不同，克丽丝廷的欧洲朋友会去野餐、参观博物馆，甚至养鸡。归根结底，这些似乎能使他们成为更好的艺术家。

克丽丝廷发现这两种状态都很有价值。作为一个四海为家的漫游者，她希望在旧金山和巴黎这两种空间中穿梭，这两个城市代表了她设计工作中的两种自我。她在巴黎的自我磨炼了她的技艺，创造了美丽的事物；她在旧金山的自我让她明白，仅靠美还不够。"如果我设计了它、赋予了它品牌、给它命名并发布出去，却赚不到钱，那我就失败了。"克丽丝廷说。

克丽丝廷懂得如何在艺术创作和赚钱之间取得平衡。电影制片人贾斯汀·利顿（Justin Litton）也是如此，他在英国的电影学院毕业后回到了西弗吉尼亚州的家。

他的朋友们很惊讶，本以为他会成为好莱坞或纽约的电影摄影师。"每个人都认为，留在西弗吉尼亚州会限制我的发展，"贾斯汀说，"如果我想做大事，就不该留在这里。"但贾斯汀想要的是一个创造性职业，住在西弗吉尼亚州的小镇使这成为可能。

贾斯汀的摄影技术在西弗吉尼亚州非同寻常。他创办了专门从事高端企业和商业视频制作的公司，他们很少遇到其他视频制作人的竞争。但是创意人才的储备非常有限，以至于他和他的团队经常要承担项目的各方面工作，从编写脚本到导演和制作，再到投放广告。有时候，这会是巨大的挑战，但在大多数情况下过程还是很让人愉快的。

贾斯汀对工作非常务实。是的，他为当地银行而不是奥斯卡提名者制作商业广告。他沉迷于真正的创造过程，沉迷于决定摄像机的拍摄角度、讲故事的方法。"我在镜头后面的时候，就是我最快乐的时刻。"

此外，在西弗吉尼亚州的荒无人迹的山区，创意灵感总是不期而至。"当我去徒步的时候，即使没有产生任何关于视频的想法，我依然沉浸在大自然中，当我回来工作后，我获得了身心的平衡。"

科学也证实了这点。丹麦的一项研究发现，对于从事创造性工作的人而言，沉浸在大自然中会让他们更加好奇，思考问题的方式更为灵活，能够产生更多的新想法或者处理问题的新方法，从而提高他们的创造力。

大自然也对恢复专注力有好处。在芬兰的一项研究中，徒步者在丛林里徒步之后会发现"我的专注力和敏感度提升了"和"我的想法变得清晰了"。大自然很容易催生顿悟时刻，激发构成创造性的洞察力。

在贾斯汀居住的斯科特迪波，人口数只有 8 000，与布伦科玻璃厂一镇之隔，穿着法兰绒衬衫的男士用手工制作的工具吹玻璃。贾斯汀曾经在玻璃厂拍摄，看到他们辛勤工作的样子让人感到很亲切。"对我来说，这非常原生态，具有阿巴拉契亚特色，"他说，"我站在他们中间，看着他们精湛的技术，他们的手虽然满是泥污却非常灵巧。"

手工艺是地方价值。西弗吉尼亚州是一个历史上围绕煤矿开采发展经济的州，他们对这种蓝领的手工艺工作引以为傲。这就是贾斯汀给他的公司起名"大山工艺"的原因——以纪念西弗吉尼亚州的陶艺家、玻璃吹制工、织布工和画家的技艺传承。视频制作虽然感觉像是一种不同的艺术，但就像前辈们一样，贾斯汀很希望把它做好。

> **选址策略：创造力**

合适的天才场域可以汇聚各种资源，激发你的创造力，助力你的创作，并让你由此赚钱。你可以通过以下几种方式深入了解你所在地方的艺术场域。

1. 找到你的艺术团体。 它可能是政府部门或非营利组织，可能位于你所在的州或地区，可能是线上机构。如果你所在的地方有艺术团体，你就可以寻求帮助。换句话说，这表明这个社区关心并支持艺术。

2. 参观一次工作室。 内华达州的卡森城等城市，每年都会有一两次开放日，艺术家和工匠会在开放日上对公众开放他们的创作空间，从吹玻璃到珠宝设计。这是你了解当地创作氛围的好方法，如果你是一名有创意的艺术家，可以加入其中。

3. 闲逛。 创造力是"一种持续不断的关系体验"，乔舒亚·沃尔夫·申克（Joshua Wolf Shenk）在《两个人的力量》（Powers of Two）一书中写道："多项研究发现，普通咖啡店的背景噪音可以提高创造力；另外，与和你一样努力的人一起工作会提升动力。"

4. 搬进艺术区。 肯塔基州的帕迪尤卡开展了一项艺术家搬迁计划，为想要在破败街区购买和翻新房屋的艺术家提供 100% 的融资。如果他们更愿意建造新房屋，新房屋所占的空地也是免费的。由于下城区是一个企业区，建筑材料是免税的，该区域既可以作为商业用地也可以作为住宅用地，这允许艺术家在他们的家里生活、工作和经营迷你画廊。到目前为止，已有40位艺术家搬进来，在当地投资了数百万美元。还有其他的社区为艺术家提供优惠的住房或工作室空间。

5. 购买当地艺术品。 如果你想推动一个有创造力的社区发展，请从当地艺术家那里购买艺术品。在艺术画廊"伊尼德的第一个周五"举办活动时，画廊会营业到很晚，这可能是找到当地艺术品的好地方。在一些城镇，当地艺术家的作品会装饰在餐馆、咖啡馆和小企业的墙壁上。

6. 为艺术家预留创作空间。 当闲置店面在澳大利亚纽卡斯尔激增时，房东开始让艺术家和工匠免费使用这些空间，仅需支付物业费和水电费。动画师、摄影师和网络开发人员开始在大约74处闲置店面里工作，因为财务压力很小，艺术家们可以自由地创作并追寻自己的内心。该计划由"更新纽卡斯尔"（Renew Newcastle）项目赞助，不仅艺术家自己的收入提高了——参与其中的艺术家平均多赚了20 941澳元，还降低了社区的犯罪率。

7. 通过财政支持地方艺术。 2020年，新泽西州的泽西市将财产税上调0.02美元，其收益将用于资助当地艺术组织的信托基金。当地人为这项措施感到自豪。泽西市艺术委员会前主席鲁宾逊·霍洛韦（Robinson Holloway）说："那些认为艺术是额外的、锦上添花的、第一个该被削减资金的人，不会到我们这来。"

8. **支持新想法**。创造力需要不断培育新的思想，所以当心你的社区中出现那种抵触新生事物的情形。你也可以主动提出自己的想法，例如，给市政府写一封电子邮件。

地点调研：北卡罗来纳州锡格罗夫市

人口：约 400

别名：美国手工陶艺之都

情况：在锡格罗夫，陶艺工作室的数量比国内其他任何地方的比例都高，它们遍布繁华的市中心、广阔的农田及其周围地区。感谢第一批英国和德国移民在 18 世纪定居锡格罗夫，并立即开始使用当地黏土制作陶罐。很快，陶器在锡格罗夫成为了一个产业。现在在格林斯伯勒以南约 40 分钟路程的地方有大约 50 家家族陶器店，同时还不断有更多陶艺家慕名前来。

为什么在这里生活更轻松：市中心的多来商店（Dollar General）旁林立着众多工作室、博物馆和画廊。每逢大型节日都会吸引成千上万的游客。2020 年之前，这里人流量非常大，一些艺术家根本无须在网上出售他们的作品。在锡格罗夫，众多陶艺家合作而非竞争，使得它成为艺术爱好者的目的地。

集体行动的额外好处：创造性的工作往往与集体行动无缘。然而，当艺术创作者们联合起来时，很多事情变得可行，比如成立陶艺家协会，共同出资为当地做营销，相互分享如何在 Instagram 上增加粉丝，策划活动来吸引游客。另外，锡格罗夫的陶艺工作室会共享资源。当制陶工人开始使用他们的巨大柴窑时，他们也会邀请邻居来添点柴火。

副业如何蓬勃发展：陶艺家戴维·埃尔南德斯（David Hernandez）和亚历克萨·莫德诺（Alexa Modderno）在 2005 年搬到这里，他们开设了一家工作室，兼画廊和爱彼迎公寓。在 2020 年，他们又将一个旧的杂货店改造成空旷的工业风酒吧，名为"红酒与精酿"。他们是全职艺术家——戴维还是锡格罗夫的市长。

地方如何助力：锡格罗夫的北卡罗来纳州陶器中心既是博物馆，也是商店，还为艺术家提供居住空间、窑炉、轮子和制陶工人等其他支持。市里有很多地方可以出售工艺品。附近还有一所社区学院设立了陶瓷艺术项目培训学徒。

创造力的提升："这个集体的团队，一直以来都充满灵感和创意。"亚历克萨说，她朋友的风格和技巧有时会渗透到她的作品中。这不是偷窃，而更像是异花授粉——大多数人都乐于分享。"这是每天都会发生的令人吃惊的相互影响。"她说。

现在你可以：

- ✅ 寻找并融入一个天才场域；
- ✅ 善用社区的集体智慧；
- ✅ 接触不同领域的人并尝试新事物；
- ✅ 亲近大自然。

第 9 章

勇者已经上路，
弱者从未启程

IF YOU

COULD LIVE

ANYWHERE

你是否：

- ✅ 幻想过诗与远方，却仍囿于眼前的苟且？
- ✅ 计算过自己需要花多少钱才能成为数字游民？
- ✅ 不想操劳旅途中的实际问题？

第 9 章　勇者已经上路，弱者从未启程

错误的地方毁了南迪塔·古普塔（Nandita Gupta）的生活，正确的地方让她的生活重新开始。

在遇到她的酿酒师丈夫前，南迪塔一直在旧金山湾区担任大学的招生顾问。她可以随处工作，而她丈夫的工作需要留在纳帕谷，所以她和他一起搬了过去。这之后，南迪塔的生活变得痛苦起来。

每个人都觉得纳帕是天堂。但南迪塔是一个很外向的人，她在这里感到孤独。常常一整天，除了想要进入斯坦福大学向她寻求建议的高中生，她看不到任何人，也没机会与人交谈。她是在新德里和纽约市长大的，喜欢待在喧嚣的人群中。"而我搬到了一个如此偏远的地方，几乎看不到人，"她说，"就像现在，我望向窗外，一个人都没有。"

这个地方最终导致他们的婚姻破裂了。尽管她和她的丈夫仍然彼此相爱，但南迪塔实在不能再待在这个对她来说如此糟糕的地方了。

离婚后的一年，她和父母一起住在纽约，疗愈她的心灵并试图恢复她曾因悲伤而减少的 9 千克体重。在那之后，她决定做一名数字游民。

南迪塔称其为"饭祷爱之旅"，名字取自伊莉萨白·吉尔伯特（Elizabeth

Gilbert）在离婚后到意大利、印度和巴厘岛旅行时创作出的著作《美食、祈祷和恋爱》(Eat, Pray, Love)，而南迪塔则参加了"远程的一年"(Remote Year)项目，在 12 个月内拜访了南美洲、中美洲、亚洲、欧洲和非洲的 12 个城市。这个项目为数字游民安排长期的全球旅行，南迪塔希望一年的旅行可以为她提供新的机遇并让她快乐起来，重新开启生活。

南迪塔得到的第一个启示是：看到世界其他地方的生活就像进入了一个奇异的世界。并不是每周工作 70 小时，或是拥有 300 平方米的房子才会感到幸福。"如果说地球上有 70 亿人，那么就有 70 亿种不同的生活方式。"南迪塔说。

因为有了在其他地方生活的体验，南迪塔开始将她一直生活在其中的美国文化视为一种文化、一个选择。你其实可以有很多不同的选择。

南迪塔得到的第二个启示是：与其他人一起旅行是一剂良药，可以让她从那漫长而孤独的纳帕生活中解脱出来。"我需要 7 天 24 小时都在人群中，"南迪塔说，"或者 7 天 23 小时。社区对我来说非常重要，'远程的一年'项目帮我实现了这一点。"

南迪塔得到的第三个启示是：在新的地方做远程工作，可以让她再次爱上自己的工作。

成为一名大学招生顾问，为想要进入常春藤盟校的高中生提供建议，这与其说是南迪塔一直想要从事的职业，不如说是出于一种偶然。一位朋友曾经请南迪塔帮助孩子申请大学，于是南迪塔很擅长申请大学的消息不胫而走。尽管南迪塔的收入达到了 6 位数，但帮助孩子申请大学并不像是真正的职业。她真的去过常春藤盟校吗？并没有，只不过在她的家庭里，大家都是博士。

2月，当她在开普敦尽情享受灿烂的南半球夏天时，曾经糟糕的感觉烟消云散了。无论她在职业生涯中感到了多大程度的自卑，无论她作为一名个体创业者对办公室生活有什么样的渴望，在南迪塔开心地环球旅行时，关于工作的事情都被放下了，她也不用一直给她的客户转发信息。"天哪，"她突然意识到，"我的工作让我有钱能够做这些疯狂的事情，这对我来说就是最好的工作。"

南迪塔知道，能够重新设计生活是一种特权，并不是每个人都拥有这种特权。但拥有它的人比想象的要多。

我们只是缺乏想象力，而且还愿意忍受当下并不真正令人满意的生活。"我认为有时确实需要大胆地尝试一下，实际上你并不需要接受生活中束缚你的东西。有时，你需要变换思维，看看什么对你来说非常必要，什么不是。"

对于南迪塔来说，离婚成为她迈出的重要一步。那个时候，她觉得这是发生在她身上最糟糕的事情了。"可它像是上天赐予我的一份礼物，让我能够完全根据自己的想象和来自世界各地的灵感重新设计我的生活，"她说，"这个礼物竟然来自我认为会灼伤我的东西。"

你应该成为漫游者吗

2015年，荷兰创业家彼得·莱沃斯（Pieter Levels）在一次国际会议上的演讲中，做出了令人瞠目结舌的预测：到2035年，世界上将有10亿数字游民。

我身安处是职场
IF YOU COULD LIVE ANYWHERE

彼得解释了他的想法：更多的人会是自由职业者，互联网连接速度迅猛提升，越来越少的人过着传统的循规蹈矩的生活，比如结婚或买房，他们甚至不想过这样的生活，飞机更快、更便宜，几乎可以到达世界任何地方。

彼得解释说过程会是这样的：最开始，自由职业者将在家工作；然后他们会在咖啡店工作，之后会出现在另一个州的亲戚家；转瞬之间，他们又能在越南喝着咖啡，看着稻田，心想，"我竟然可以做到这一点，太酷了"。

彼得说，在不久的将来，就会有10亿数字游民在世界各地旅行和工作。

对我们中的许多人来说，数字游民主义的想法极具吸引力。根据"MBO合作伙伴"① 2018年的一项研究，11%的美国雇员坚定地认为他们在未来几年将成为数字游民，另有27%的人表示他们可能会成为数字游民。

2018年，只有大约480万美国人是数字游民，约占人口总数的1.4%，这表明大多数人只是谈谈而已。正如伊莱恩·波费尔特（Elaine Pofeldt）在《福布斯》杂志中所说的那样，数字游民主义主要是一项"有抱负的观赏性体育运动"。

2020年左右，事情发生了改变。到2020年7月，自称为数字游民的美国雇员数量增至1 090万，比两年前增加了120%，如此多的人从传统的办公室工作中解脱出来，以至于他们宣称数字游民主义的到来是自然而然的。

但这究竟意味着什么？数字游民并没有统一的定义。他们大多在国外生活多年，有些是环球旅行家，每隔几周就会跨越国界，暂时定居在一个新的地方；也有些是开着大篷车或房车的旅行者，他们带着"房子"穿越大陆；

---

① "MBO合作伙伴"（MBO Partners）是一个自由职业者管理平台。——编者注

其他一些人则做短期的工作，在偏远的度假胜地工作数周或数月；也有些直接休假。

"MBO 合作伙伴"的研究表明，将数字游民团结在一起的是"对旅行和探险的热情"，以及只要能连接到互联网就可以在任何地方工作的能力。

疫情让事情有了改变。现在可以在任何地方工作的人比以往任何时候都多，但同时旅行在疫情期间变得更加困难。像第 7 章的埃丝特·英曼这样的数字游民从国外归来，因为他们不愿长时间被困在海外。而对于另一些从未想过数字游民生活方式的人，他们猛然发现在这糟糕的一年里，这是他们最好的选择。

佩奇·塞弗伦斯（Paige Severance）和奇普·塞弗伦斯（Chip Severance）来自田纳西州诺克斯维尔，他们有五个孩子。塞弗伦斯夫妇在 2020 年夏天经历了他们的"顿悟"时刻。奇普所在的 IT 服务公司所有的部门都采用远程工作方式，他们的孩子也都不需要回到学校。那为什么不做点有趣的事？

塞弗伦斯夫妇最终以差不多 3 万美元的价格购买了一辆二手房车和前往各个国家公园的装备。他们的第一站是大雾山国家公园（Great Smoky Mountains National Park），然后是肯塔基州的猛犸洞（Mammoth Cave）。之后，谁知道呢？"我们不会 100% 地做好计划。"奇普说，并表示他们打算花一年的时间继续他们的冒险。

在疫情期间，大多数数字游民只能在国内旅行。而一些数字游民在疫情前就一直这样做。

从 2017 年底以来，尚德拉·佩尼亚（Sandra Peña）和胡利奥·佩尼亚（Julio Peña）与他们的四个孩子一直住在一辆房车里。当时他们发现，他们

我身安处是职场
IF YOU COULD LIVE ANYWHERE

永远都买不起加利福尼亚州圣何塞的房子。他们没有花每月4 000美元的租金搬到更大的两居室公寓，而是索性在房车上生活。

佩尼亚夫妇的在线珠宝转售业务一直都很赚钱，并且他们已经了解了如何发挥地域优势。在第一次去亚利桑那州前，他们买了绿松石，因为他们了解到在亚利桑那州买不到便宜的绿松石。

但是，在亚利桑那州可以买到便宜的钻石。现在，他们寻找任何当地便宜的东西，放到全国性的线上市场上售卖，他们赚的钱越来越多。"这是在路上的另一个好处。"尚德拉说。

数字游民主义是数字游民的终极幻想——我不仅可以住在任何地方，而且可以住在所有地方。正如约翰·斯坦贝克（John Steinbeck）曾经说过的那样："也许我们高估了内心对落叶归根的渴望。也许我们更大的冲动，更深和更古老的需要、意志、渴望是生活在别处。"

生活在别处听起来如此诱人，它似乎是我们讨厌的办公室生活或者日常生活的解毒剂。日子变得越来越乏味，离开当下，买张机票去享受外国的宜人气候是多么令人向往。一时间，你所有的工作日都值得在社交媒体上"晒一晒"——"嘿，看看我，正从冰岛瀑布的底下发送电子邮件！"

持续或近乎持续的旅行也代表了人类强大的原始欲望。

你拥有更高的自由度，你可以掌控自己的生活，你不必为了一年去一次风景优美的地方而舍不得用年假或忍受办公室的苦差事，它们现在就在你的身边。

你的时间很灵活，你可以设置时间表和目的地，你可以选择什么时候工作，什么时候丢下工作去看看附近的瀑布。

你可以更频繁地体验新奇事物，消除乏味并激活大脑。

你可以一直在探索，这让你从所做的事情中获得意义感：体验外国文化，为你的生活增添新的光彩；见证令人惊叹的景象，深化日常的体验；以新的方式看待贫困和竞争，生发更多感激或同情。

作家克里斯·吉耶博（Chris Guillebeau）认为对冒险的热情是一个人灵魂的核心，并说"没有什么比安全的未来更能破坏一个人的冒险精神了"。单凭数字游民的定义来说，就可以得知大多数数字游民不会这样。

我能看到数字游民主义的魅力。如果你是一个数字游民，你应该奉行数字游民主义吗？换句话说，你应该成为漫游者吗？

数字游民产业园

劳伦·拉扎维（Lauren Razavi）是远程工作策略师，也是《全球原住民》(*Global Natives*) 一书的作者。她告诉我，决定成为数字游民，即使只是暂时成为，也需要思考自己想要过什么样的生活。"依我的经验，很多人陷入了一种激烈的攀比中，比如，'我想要得到更贵的车、更大的房子、最高的薪水'。而我认为数字游民主义则是一种完全不同的生活方式。实际上你真正需要考虑的是，'我到底需要多少钱才能过上令自己满意的生活'。"

劳伦会根据她要去的地方的生活成本进行评估，并由此决定接受哪些写作和咨询的工作。在阿姆斯特丹待 6 个月需要的费用比在葡萄牙或吉隆坡待

6 个月的费用多得多，泰国可以以更低的价格享受洛杉矶那样的阳光海滩。金钱是劳伦达成目的一个手段，让她能够体验她想要的世界。

有些地方在劳伦看来是可以存到钱的，而在其他人看来则是可以赚到钱的。如果彼得对 10 亿数字游民的推测是正确的，那意味着未来数字游民的市场将是巨大的。

数字游民需要应用程序、软件、为他们定制的服务、更好的住宿地点以及旅游公司。全球数字游民空间正在变成一个价值 10 亿美元的产业，数字游民在这些空间里可以拥有自己的私人教练、会议、应用程序、网站，以及在曼谷和乌布德等地拥挤的共享办公空间。

马特·戴克斯特拉（Matt Dykstra）是一个漫游者，他过去几年住在俄罗斯，并策划了他的"数字游民 2020"会议。他希望帮助数字游民新手弄清楚那些必须知道的事情，比如如何处理税收或留在家里的小猫。

马特一直在参加各种会议、听播客，而演讲者分享的内容只占他想要知道的 15%，这令他感到很沮丧。"你还需要想办法获取其他信息。我想帮助大家，我想帮人们实现数字游民的生活。"

在疫情期间，大约 60% 参加"数字游民 2020"会议的人已经是数字游民或者远程工作者。其余的人正试图弄清楚如何成为数字游民或远程工作者。"我认为我们吸引了很多突然意识到他们被锁在房子里的人，他们本可以'躺平'看奈飞视频，或者他们可以着手规划未来并持续获得收入。"马特说。

人们并没有意识到他们可以承担成为数字游民的成本，就像旅行一样，你的旅行可以是奢华的，也可以是简单的。

旅馆和租金低廉的公寓可以满足需求，不过对于挑剔的漫游者来说，至少还要有一个适合数字游民的精品酒店品牌。数字游民酒店 Selina 获得了 1 亿美元的风险投资，计划在全球建造 40 家酒店，以及一系列带有共享办公空间、瑜伽室和冥想室的高档酒店和旅馆，"将数字游民可能想要和需要的一切都融入一个住宿空间"。《康泰纳仕旅行者》（Condé Nast Traveler）这样报道。

"游民清单"网站是了解这些信息非常有用的工具，该网站每年拥有数以千计的付费会员和数百万的访问者。创建人彼得·莱沃斯创建它时，他本人就是一个数字游民，正在进行一个为期一年的"12 个月内 12 家初创公司"的项目。这个网站是他的第 7 个项目，收录了全球适合数字游民的城市的各种信息。

如果你每隔几周搬一次家，你的选址战略就永远不会结束，你一直在选择下一个要去的地方。数字游民面临的风险远比计划定居的人要低，但这风险也不是微不足道。他们需要金钱、时间和精力。如果投资没有回报，工作和计划可能会被打乱。数字游民如何确定最适合他们的城市，或者至少是目前来说最适合的城市呢？

在共享的谷歌电子表格中，彼得收集了全球 50 个城市的生活成本和生活质量等数据。很快，他的朋友们添加了他们喜欢的指标，包括安全性和咖啡店密度。随着时间的推移，"游民清单"网站成为一个有大约 2 000 个城镇的全面索引，方便四海为家的漫游者或探寻者寻找居住地。近 300 个过滤指标有助于对信息重新进行分类，从成本、气候等基本指标到更特殊的指标，例如"对狗友好""经济发展快""有纯素食品"等。

过滤指标一直在增加。根据不同的过滤指标的数据，城市会得到一个整体上的排名，排名会时常变更。我最近的查询结果是，葡萄牙里斯本排名第一。

漫游者往往会思考他们最终会到哪里定居，除此之外还有很多事情需要考虑。环游世界而不是在一个地方定居仍然是一种反文化的选择。劳伦说，质疑标准的选择本来就是零工思维①的一部分，她称她的朋友为"破坏分子"，因为他们经常说："为什么要这样？为什么不那样做？这会很有趣吗？"

在"游民清单"网站上，数字游民可以从临床诊断般具体的描述中了解他们感兴趣的地方。大都市还是小镇？棕榈树还是山脉？吵闹还是安静？对于探寻者来说，浏览这个网站上的过滤指标有助于改进选址策略，因为你不得不反复更新自己的位置偏好。

当我尝试使用"游民清单"网站的过滤指标时，我选择的指标是高速互联网和安全性，并限定每月 2 000 美元为首选成本，这是"游民清单"网站给出的中档成本。我得到了 67 个结果，当加上一些额外的过滤指标，如美食、高密度的工作场所、适宜步行和干净，该网站只列出了 3 个城市，而这些城市恰好都在中国的台湾：台北、台中和高雄。

我不确定自己是否会搬去那些地方，但我很高兴知道自己有选择的机会。

数字游民签证

作为漫游者，除了弄清楚要去哪里以外，你还必须弄清楚当地的签证情

---

① 零工思维是指用时间短、灵活的工作形式，取代朝九晚五的传统工作形式的一种工作思维方式。——编者注

况，也就是你可以在那里长期生活、工作或旅行的外国官方授权。也许这在你的选址策略列表中并不重要，不过一旦你开始考虑这一点，就会发现爱沙尼亚这个国家。

爱沙尼亚是一个拥有130万人口的国家，隔着波罗的海与芬兰相望。多年来它一直致力于成为一个"数字共和国"。对于爱沙尼亚公民来说，不管是报税、投票还是办理银行业务，所有这些事务都统一到一个国家平台，只需点击几个按钮就可以完成所有事情。

一开始，爱沙尼亚关注数字游民，为他们提供电子居住权，允许任何人成为爱沙尼亚的"数字公民"。你可以获得一张数字身份证，可以从世界上任何地方获得全流程线上注册公司（但可能需要在本国缴纳税款）、电子银行转账、在文件上进行电子签名等线上服务，这些对于可以随时随地工作的数字游民企业家很有帮助。

2020年8月，爱沙尼亚向前推进了一步，提供了一种数字游民签证，允许远程工作者在爱沙尼亚居住，并为其国外的雇主合法工作一整年。

数字游民签证为什么很重要？因为在大多数国家制定签证规则时，数字游民还未出现。签证要么是给游客的，要么是给长住外籍人士的，所以大多数的数字游民会申请短期旅游签证，并在一种合法的灰色地带工作。当一个签证过期时，通常是30～180天后，他们需要到另一个国家去，申请新的旅游签证，然后重新开始倒计时。这个过程既昂贵又不方便，但如果数字游民忽视它并逾期居留，他们可能会被罚款或被驱逐出境。

劳伦说，签证"是一个很大的障碍"，"我认为很多人在移民问题上无论如何都不想处于灰色地带"。一直以来，数字游民是游走在边缘的先行者，所以他们也不太介意生活在法律边缘。

最近，为了应对预期的数字游民和远程工作者浪潮，越来越多的国家和地区开始提供长期签证，包括：

挪威	匈牙利	阿尔巴尼亚
德国	西班牙	捷克共和国
冰岛	克罗地亚	哥斯达黎加
马耳他	毛里求斯	百慕大群岛
安圭拉	爱沙尼亚	安提瓜和巴布达
墨西哥	格鲁吉亚	阿拉伯联合酋长国
巴厘岛	巴巴多斯	
葡萄牙	开曼群岛	

这些远程工作者的签证通常是一年，这是一个国家高喊"欢迎"的方式，也是吸引人才和留住数字游民的一种方式。并不是说这些漫游者会长期停留，而是像百慕大劳工部部长在宣布该岛新的数字游民签证政策时所解释的那样，远程工作者"将在不取代百慕大劳动力的情况下促进我们的经济活动"，这是双赢的机会。

当然，有些地方对数字游民也有一些额外要求，比如开曼群岛要求数字游民的年收入大于10万美元；巴巴多斯数字游民签证费用为12个月2 000美元，这比普通签证费用贵10倍多。

但总的来说，数字游民签证和国际远程工作者的这种趋势预示着全新的数字游民主义。除了最常见的千禧一代和 Z 世代的数字游民，还将有更年长的人加入这个团体。有足够多的空间适合不同类型的漫游者，包括那些不是在搬家就是在回家的缓慢旅行者。"我认为数字游民将成为主流。"劳伦说。

金手铐，鱼与熊掌可以兼得

也许尝试数字游民的最简单方法是联系一个组织，让他们来安排你去哪里以及与谁一起旅行，更不用说他们可以解决所有的签证问题了。好比"远程的一年"，这家总部位于芝加哥的公司安排了南迪塔的"饭祷爱之旅"。

创始人格雷格·卡普兰（Greg Caplan）创建"远程的一年"是为了解决一个特定的问题。当时，这个 25 岁的年轻人以 25 万美元的价格将他的时尚博客平台卖给了高朋网（Groupon），他之后想边旅行边工作，但找不到朋友与他同行。"最大的问题是独自旅行，"他在 2015 年时说，"我认为这样会很孤独。我想去旅行，但我想更有计划地同社区成员一起旅行。"

数字游民与"远程的一年"公司签署一份为期一年的工作旅行体验协议，包括目的地、公寓、共享办公空间，还有公司安排的郊游。费用为 3 000 美元的首付款，加上每月约 2 000 美元，或一年 2.7 万美元。那时在任何地方工作的这种概念非常不寻常，以至于"远程的一年"只能给参与者提供入门级的远程工作。尽管"远程的一年"公司现在不做这个了，但他们可以指导你如何和老板谈判，让老板允许你在任何地方工作。旅行社和就业服务这种古怪的混合体现了新兴的数字游民时代精神：**"鱼与熊掌可以兼得"，既是自力更生的成年人又是流浪汉**。

成年人有成年人的烦恼。第一批"远程的一年"参与者由 68 个数字游民组成，但并不是每个人都有工作，这让派对狂与工作者之间产生了隔阂，让那些需要工作的人害怕错过什么。

实际运行中也会有各种问题。一些参与者强烈抱怨他们在河内的住宿，因此不得不免除了他们的月费。

还有文化融入的问题。参与者之一，驻洛杉矶的项目经理乔伊斯·林（Joyce Lin）解释了这种情形："如果我独自去旅行，我将被迫处于学习者的位置。人们不会迎合我，我是少数，我被迫学习当地的文化，我被迫要融入其中。但是当我在一个团体中时，我与目的地之间的互动关系将会改变。"

尽管存在上述问题，但该项目对萨拉·阿维拉姆（Sarah Aviram）来说是变革性的，她是人力资源经理，在百事可乐和雅芳等《财富》世界 500 强公司任职期间，她渴望旅行。她幻想着去世界各地旅行，"但我不想停止我的职业生涯，"她说，"我不想花光我所有的积蓄，虽然并不多。我不想一个人去，我也不想做计划。"

"远程的一年"项目符合了萨拉所有的要求。于是她支付了 3 000 美元的首付款，并与她供职的、总部位于纽约的科技公司的首席执行官商讨，让她边旅行边工作，作为对未来工作形态的一种试验。

作为人力资源专家，萨拉会仔细观察她的同行者——律师、软件工程师、新媒体运营、顾问、广告公司员工、平面设计师、音乐家和创业者们如何看待他们自己的工作。萨拉发现对于一些人来说，旅行的一年就像是一个创可贴，可以掩盖他们讨厌自己的工作但又无力改变它的事实。"他们戴着金手铐，"萨拉说，"比如他们说'我的工资太高了，高到没有选择的余地'。"

有一天，萨拉为她的小组主持了一场职业发展研讨会。她解释说，大多数人都有6个核心动机来做出职业决策：金钱、身份认同、日常、成长、影响和终极快乐。为了在工作中保持快乐，你必须偿还债务、减少开支、使用地理套利、忽略外界的声音，或者重新考虑一下如何让你的工作成为习惯，以减少与前3项核心动机相关的摩擦。之后，你可以想一下什么是你现在真正想做的事情，而不是你22岁时想要做的事情，从而拓展对自己潜能的认知。

在萨拉说服她的老板让她边旅行边工作之前的几个月，她想清楚了自己真正想做的事，就像是南迪塔离婚所迈出的一大步一样。

在萨拉的鼓励下，参加"远程的一年"项目的一位对工作心怀不满的律师辞职了，之后成为一名视频博主，开着房车在美国各地旅行。

萨拉后来也离开了她的工作，在"远程的一年"项目结束后一周，她回到了纽约市那间没有窗户的办公室，这让她感到了生存危机。"在获得过自由之后，我实际上有点害怕回公司工作，"她说，"我当时想，'我已经习惯了在巴厘岛的海滩上工作……'"

地理套利对萨拉很有用。她在"远程的一年"项目期间每月生活费约为2 000美元，而她在曼哈顿的年薪为20万美元，因此这段时间里她存了不少钱，甚至还清了商学院的贷款，剩下的存款让她可以自由地选择离开公司。萨拉成立了自己的职业咨询公司，为远程工作者编写了一本指南，指南的名字是《重振旗鼓》(*Remotivation*)。

38岁的萨拉仍在思考未来她的数字游民生活会是什么样子。与家人一起住在纽约6个月，在其他地方度过6个月？去花5美元就可以吃晚餐的地方？她花了很多时间在"远程的一年"项目的 Slack 社区上，与其他人交流关于生活、工作和地点这些重大问题。如果哪天她在社区中问："我打算去哥斯达黎加，谁一起来？"她知道一定会有其他数字游民和她一起去。

一群"怪人"

生活在路上可以使你与工作的关系变得有趣。它可以让你重振旗鼓，就像南迪塔那样重启人生，或者像萨拉那样更换职业，或者像劳伦一样减少开支，只赚够继续旅行所需的钱。

数字游民软件工程师里克·格雷厄姆（Rick Graham）在保加利亚旅行时遇到了他的联合创始人，他们共同创立了基于区块链的活动和门票平台。"在我以前的人脉中，我不认识任何真正愿意投入创业的人。"他说。在一个名为"硅谷酒会"的数字游民活动中，他遇到了一位具有各种技能的保加利亚人，愿意同他一道前行。

马可·皮拉斯（Marco Piras）在一家总部位于旧金山的公司担任产品经理，作为外籍人士，远程工作让他能够掌控自己的生活。他来自意大利的撒丁岛，曾在都柏林和哥本哈根工作过，梦想自己的工作可以让他定居在西班牙的巴塞罗那。

根据 2018 年 FlexJobs① 的一项调查，大约 50% 的数字游民的收入与他们在传统办公室工作时的收入相同或者更高。17% 的数字游民年收入超过 7.5

---

① FlexJobs 是查找远程工作的信息网站。——编者注

万美元，40% 的数字游民声称他们的年收入超过 5 万美元。可能是因为数字游民最初可以从事的写作、教育、客户服务、数据输入和营销等工作的收入较低，大约 30% 的数字游民不得不从朋友或家人那里获得外部的经济援助才能维持生计。

汉娜·狄克逊（Hannah Dixon）刚成为数字游民时，她在各处打零工。她做过调酒师，还曾经在伦敦萨维尔街的一家时装店工作，在纽约市梅西百货公司做过几个月的销售员，还训练过哈士奇犬参加雪橇比赛，也从事过园艺栽培。作为世界有机农场机会组织（Worldwide Opportunities on Organic Farms）的成员，她在欧洲各地的农场做志愿者，以换取食宿。有时，她会在一家酒吧当服务员。

金钱一直都不是她的目标，直到她遇到了一位在家远程工作的女士。那是 2013 年，汉娜并不了解实际上她可以在任何地方进行线上工作。"我当时就想，'快告诉我我需要知道的所有信息'。"

汉娜与这位女士一起创办了一家网络开发公司，汉娜提供虚拟助理服务来增加收入。汉娜从来都没有赚过那么多钱。朋友们开始咨询她关于虚拟助理的工作，2016 年底，在意大利的几周时间里，汉娜建立了一个网站来培训数字游民，大约有 1.2 万名来自 75 个国家或地区的人参加，这些人都想靠做虚拟助理来赚钱。

汉娜并不是非常喜欢将自己称为"数字游民"。因为她在旅行初期结识的大多数数字游民都是"非常年轻的白人男性，经常在清迈闲逛，每月生活费 500 美元，喜欢吹嘘自己"。在数字游民聚会上，她经常是唯一的女性，被一群成天躺在吊床上的男人灌输享乐主义，这真令人感到恐怖。她想知道，除了白人男性以外，形形色色的人都在哪里？

我身安处是职场
IF YOU COULD LIVE ANYWHERE

而现在，形形色色的人聚集在汉娜的 Facebook 小组中，她亲切地称他们为"一群怪人"。数字游民社区正慢慢变得更加多样化：现在 30% 的人是女性，50% 以上的人年龄超过了 38 岁。

但是仍然鲜有有色人种的参与。某黑人家庭旅游网站的创始人泰克莎·S. 伯顿（Tykesha S. Burton）表示："这可能是因为作为非裔美国人，我仍需要努力才能满足基本的生活需求……我没有家人留下的房屋，我欠了 8 万美元的大学债务，我必须每周工作 40 个小时。我可以找到一份远程工作，但这还不是我现在能做的。"

弄清楚如何将工作和漫游相结合是成为数字游民的关键。汉娜的虚拟助理培训项目的学员都是希望为其他人做在线零工的人，他们中的一些人失去了原本的工作，为了维持生计成了自由职业者。他们现在并不都是数字游民，但他们未来可能是。Flexjobs 发现，大约 18% 的数字游民拥有自己的企业，28% 是自由职业者，35% 受雇于公司。

企业家和漫游者至少有一个共同点：他们是高度自律的冒险者。"自律"是一个高级的词，表示相信自己有能力完成任务。虽然她讨厌这种花里胡哨的说法，但这似乎就是汉娜定义的最成功的数字游民——他们相信自己。

汉娜建议，如果你想成为一名数字游民，不妨先尝试一两个月，看看你在远离熟悉的环境后会如何表现。但你首先要为你的旅行基金存一些钱，如果你负担不起，请先不要这样做。"你知道，幻想'我到了布达佩斯就可以把一切都想清楚'真的很美好，"但根据经验，汉娜说，"实际上那是很困难的事情。"

选址策略：探索

地点独立的一个无与伦比的好处就是你可以自由地看世界，而不会影响你的职业生涯、耗尽你的积蓄，还可以最大限度地利用你的假期。它并不适合所有人，但如果你的内心深处是（或者想成为）一个漫游者，你可以先尝试一个季度，请参考以下的建议。

1. 利用地理套利。 平衡花在更昂贵国家（如瑞士）的时间与更便宜国家（如越南）的时间，让自己可以负担得起环游世界的费用。

2. 找到伙伴。 结伴旅行让数字游民的生活变得更加愉快，同时也更加安全。找到他们，或者尝试参加"远程的一年"或"WiFi 部落"等项目。或者加入专为数字游民设计的共居空间，例如 Roam，其位于大城市的共居空间每月需要支付 1 800 美元；或 Outpost，在巴厘岛和柬埔寨的共居空间最低价为每晚 63 美元。

3. 换个新地方。 当你到了一个新的地方时，即使是很普通的事情你也需要耗费额外的精力。设计师克丽丝廷·阿斯说："在新的地方，你的大脑会重新开启。哦，我需要创可贴，我去哪里买创可贴？"在陌生的小镇寻找创可贴（或其他任何东西），促使你扎进杂货店的过道里，接受新景象、新声音和新事物。这可能会激发创造力。

4. 申请数字游民签证。 与匆忙赶行程相比,慢速旅行是体验一个新国家的更好方式。使用时间更长的数字游民签证,你可以在大多数国家或地区停留长达一年,而不必担心签证的麻烦。

5. 参加数字游民研讨会。 目前有几十种数字游民研讨会,包括"数字游民峰会"(Digital Nomad Summit)和"数字游民节"(Digital Nomad Festival DNX)。参加既能激发灵感又能提供实用建议的会议,例如如何在爱沙尼亚获得数字游民签证或创建一个可以赚钱的博客。

6. 聘请数字游民教练。 如果你仍然不能100%地确定如何开始数字游民的生活,那么一位经验丰富的数字游民教练可以帮助你,教你如何选择国家、在国外生活时如何管理工作和生活,以及如何作为数字游民赚钱,或者寻找提供基础知识的在线课程。

7. 找个共享办公空间工作。 加入国外的共享办公空间可以帮助你与敢于冒险、有远见的数字游民建立联系,也就是像你一样的人。CoPass的会员资格让你无论身在何处,都可以访问全球950多个共享办公空间。

8. 减少实物资产。 尽可能多地将工作和生活转移到线上,包括银行业务和文件签署,为数字游民生活做好准备。通过在线销售家具并将多余的东西赠送给可以使用它的当地旧货店或非营利组织来减少实物资产。

9. 在当地探索。也许你喜欢做白日梦，幻想关于数字游民的生活，但你永远不会真正去尝试，这没关系。成为漫游者很重要的一点就是充满能量并富有创造力。你可以周末去附近的地方旅行，探索你的城镇，或者改变日常生活轨迹，为你的定居生活增添奇趣，这样你就不会感到被困在了某个地方。

10. 管理时区。因为南迪塔的客户大多是北美人，所以她在国外的一年里，有时不得不在凌晨 3 点和客户通电话，其他需要朝九晚五打卡的远程工作者不得不在晚上 10 点开始工作，在早上 6 点完成工作。"我们称之为夜班。"南迪塔说。如果你的工作要求你在特定时间内工作，请在选择地点之前计算好时差。

11. 实现你的梦想。63% 的千禧一代表示，他们最初选择一份全职工作的主要原因是为旅行存钱、为退休后存钱或者偿还债务等。数字游民的生活可以在某种程度上让你将两者结合起来，这是一种可以为你的工作赋予更多意义的方式。

📍 **地点调研：葡萄牙丰沙尔市**

人口：约 111 000

推荐理由：葡萄牙里斯本多年来一直是"游民清单"网站上的热门地点之一。"如果你清醒、年轻且富有艺术气息，那太合适了。"该网站上写道。如果想去一些更小、有些异国情调的地方，乘坐两小时的飞机就可以从里斯本到达葡萄牙的马德拉群岛，其首府丰沙尔以其友好、低生活成本和快速免费的 WiFi 跻身"游民清单"网站的前 10 名。

数字游民如何停留：葡萄牙为每月收入超过 635 欧元（每年约 1 万美元）的自由职业者提供临时居留签证。这让你可以在该国居住一年，然后可以再续签两年。想要待更长时间？甚至想要成为永久居民？这儿也有一些途径，比如在葡萄牙投资可以获得黄金签证。

工作地点：在参观完丰沙尔粉刷成白色的大教堂、乘坐缆车前往蒙特宫热带花园后，就可以在丰沙尔共享办公空间里坐下来工作，这是一个位于市中心建筑内的现代主义空间，一张桌子每周的费用为 43 欧元。

为什么数字游民喜欢它：马德拉岛正在设法吸引更多的人。距离丰沙尔海岸 30 分钟路程的蓬塔杜索尔村在 2021 年初推出了"数字游民马德拉"项目，创建了一个数字游民社区，在当地文化中心开设了仅限游民的 Slack 社区，还有礼品袋和免费工作区。你可以在露台上找一张桌子工作，同时欣赏迷人的海景。在项目启动后的几周内，有来自世界各地的 4 000 多名数字游民在网上注册，超过 100 人搬到了蓬塔杜索尔村。正如远程工作顾问贡萨洛·霍尔（Gonçalo Hall）所说："现在有很多人离开大城市，希望待在小地方的村庄里，因为在村庄里人们可以建立比在城市里更密切的联系。"

结识朋友：美国教育家珍·帕尔（Jenn Parr）和她的丈夫原本已经在葡萄牙远程工作，由于双重原因他们跋涉到了马德拉岛：这里拥有山脉和海洋，还可以与其他数字游民在一起。她说："这非常令人欢欣鼓舞，在这里你可以遇到创业者，或者已经找到在工作中创造更多自由的方式并能够追寻内心激情的人。"他们每月花费约 2 200 美元租了丰沙尔和蓬塔杜索尔之间的一套三居室公寓,并将这套公寓里闲置的卧室出租给数字游民。

小福利:在小地方的好处是更容易与他人建立连接。即使在疫情期间需要保持社交距离的时候,"数字游民马德拉"项目仍组织了公共瑜伽课程、团体远足和其他活动,让数字游民建立联系并相互学习。像蓬塔杜索尔这样的地方,与意大利阿马尔菲海岸很像,你只需走出家门就可能会遇到其他项目参与者。

现在你可以：

- 加入一个数字游民的组织或项目；
- 弄清楚自己成为数字游民所需的花销；
- 通过数字游民的网站、研讨会了解更多信息；
- 寻求其他数字游民的建议。

第10章

唯有一技之长，才能走遍天下

IF YOU

COULD LIVE

ANYWHERE

你是否:

- ✅ 一毕业就不知道何去何从?
- ✅ 总是纠结于留在大城市,还是回老家?
- ✅ 渴望有一技之长以保持竞争优势?

犹他州陷入了危机：由于工作不够多，年轻人正在逃离该州东南部的农村。煤炭开采业正在消亡，取而代之的是少数学校、医院、牧场以及旅游业提供的有限的就业机会。在一些农村，高达35%的劳动力被解雇，当地人口因此减少。如果定居者不能在他们居住的地方赚钱，他们就无法在这里继续生活。

2018年，犹他州立法机构批了220万美元的款项用于一项或许可行的解决方案——农村在线计划，旨在培训农村居民进行远程工作。"整个项目的核心是利用工作的流动性为人们带来机会，而不是人们不得不搬家去寻找机会。"协助该项目的首席执行官劳雷尔·法勒说。

各州和城市发布就业项目的主要目的是帮助特殊群体，即低收入人群、残疾人、失业工人。其实这并不罕见。但犹他州的农村在线计划很不寻常，因为它的最终目标是提高工人的技能水平，这样他们就可以继续住在原来的地方，同时做着其他地方的工作，甚至可能是州外的工作。换句话说，这是一个帮助定居者成为数字游民的计划，这样他们就可以继续在当地定居。

对于这个全新的想法，劳雷尔认为让当地人参与进来是最大的困难。如果你是犹他州布兰丁的煤矿工人或牧场主的妻子,他们能说服你考虑远程工作吗?

但是,劳雷尔想象中的困难压根没有发生。在大多数社区,由于市长或其他当地有影响力的人加入,农村在线计划在当地社区中心的市政厅举行活动时总是座无虚席。劳雷尔告诉我:"申请人数简直是天文数字。"她和她的团队希望在第一年有500名参与者注册,然而第一个月的申请者就达到了500人。

大多数参与者是女性,通常是家庭主妇为了获得次要家庭收入而重新进入劳动力市场。家庭的束缚或牧场的辛苦促使她们来到这里,虽然她们生活得不错,但是不想没有工作。还有一个人拥有博士学位,但在当地小学当秘书。在农村在线计划的在线远程工作认证课程中,参与者学习了如何明确数字游民的职业路径,提升并营销自己的远程工作技能,例如,告诉潜在雇主你会C++编程语言,而不仅仅是会制作网站,同时参与者可以在课程中为申请职位和面试做练习。

一位农村在线计划的参与者开始为纽约市的一家治疗诊所做远程患者入院服务。犹他州桑皮特县的一位景观设计师在Upwork①上找到了零工工作。在犹他州经济发展办公室向雇用当地农村员工的犹他州企业提供5000美元奖金后,惠特利·波特(Whitley Potter),一位有三个孩子的全职妈妈,在犹他州人口仅有134的塔比奥纳找到了一份工作,成为一家太阳能公司的项目经理,这使她的家庭收入翻了一番。

对于一些定居者来说,当你生活在主要就业市场之外时,获得远程工作

---

① Upwork是全球自由职业平台。——编者注

机会，并获得如何保住这份工作的知识是保持财务稳定的唯一途径。对于四海为家的探寻者而言，农村在线计划这样的项目传递了一个信息：这个地方愿意尽一切可能协助你在这里成长。考虑到通过培训、教育、技能提升和指导获得职业发展正是让Facebook员工对工作感到满意的原因之一，农村在线计划也并不是一件小事。

这正好一石二鸟，毕竟现在找到合适的人才真的很难。美国万宝盛华公司（ManpowerGroup）2018年对43个国家或地区的近4万名雇主进行的一项调查发现，近一半的雇主都在努力为空缺的职位寻找合适的员工，这是10年来最严重的人才短缺。在疫情期间，这个问题一直存在。2021年，全球40%的高管和人力资源领导者抱怨人才稀缺影响了他们的业务。

就像商会高管杰茜卡·希尔为达拉斯所做的那样，一些社区只是从其他的地方挖掘人才。然而，这越来越成为一场零和博弈，因为没有足够的人才可以四处流动。万宝盛华公司董事长兼首席执行官乔纳斯·普里辛格（Jonas Prising）表示："由于全球人才短缺已经创了纪录，这不再是简单地找寻人才的问题。我们需要培养人才。"

企业显然有培养人才的需求，地方也想参与其中，提供教育和人才培训，这可以实现两个目的：将居民变成高技能的远程工作者，或者让居民具备可以填补当地工作空缺的技能。正如一个名叫"新美国"的由美国政策专家与公共知识分子组成的社会团体的主席安妮－玛丽·斯劳特（Anne-Marie Slaughter）所说："每个地方都有特定的人才资源。停止吸引其他地方的人，而是开始提升当地人才的技能。"要么你一直是人才，要么借助你居住的地方给你的投入成为人才。

小城镇，大思维

"小城镇，大思维"是劳雷尔在最近一次详尽的地方考察后的感悟。与她通过犹他州的农村在线计划帮助过的许多人一样，劳雷尔喜欢远程工作，喜欢在自己选择的地方放慢生活节奏，她也是远程工作协会的顾问和主席。"我们有时候认为住在纽约和硅谷是每个人都在追逐的梦想，"她说，"不，那只是高薪工作的所在地。如果你可以从事高薪工作，并且仍然可以在梅伯里过那种怀旧的生活，这才是最佳的组合。"

劳雷尔想要过乡村生活，但她担心教育问题，特别是她的孩子能否得到良好的教育。像大多数制定选址策略的父母一样，学校质量在她的选址名单上名列前茅，她和她的丈夫分析了学校排名与选修课，因为他们认为选修课是孩子人生的重要开端。

这并非小题大做。研究经济流动性的哈佛经济学家拉杰·切蒂发现，幼儿园阶段的教学质量也会影响到很久以后的情形，比如学生是否上大学或学生毕业之后的收入。在全美范围内，教育支出有着巨大差距。2019年，每名K-12学生的平均支出为12 756美元（已将地区物价差异考虑在内）。但在这个数字背后隐藏着一个令人惊讶的不均衡：佛蒙特州每个孩子平均花费为20 540美元，而犹他州仅为7 635美元。

即使在同一个城市内，学校质量也会有很大差异，这使得地点决策需要精确到社区。这对于探寻者来说似乎没有压力，他们先努力寻找最好的学区，然后买到房价合理的房子。然而这本身就像是一项不可能完成的任务。根据2016年的一项研究，学校排名靠前的学区房价比全美房价中位数高49%，这进而加剧了不平等的循环：在生活成本更高的地方，财产税收入更高,因此在更昂贵的社区往往会有更好(或者至少是资金更充足)的公立学校。

有些人会优先选择学区,然后再决定住在哪里;有些人把钱投入私立学校,而不是房地产;有人选择在家上学。对大多数美国人来说,地理和教育问题仍然纠缠不清。但在疫情期间,美国大部分地方转向在线学习,一些美国人长途搬迁到其他州或国家,让他们的孩子可以有面对面的学习体验。还有一些人成为漫游者,当孩子不必在一个固定的地方上学时,他们带着孩子在国内旅行。

劳雷尔在进行了大量地点调研之后,最终和她的家人来到了康涅狄格州的乡村,她的孩子在那里上了当地排名靠前的学校,她则在家从事着远程的咨询业务。她追求的正是"小城镇,大思维"。

至少现在是这样,因为地理和教育成果之间的关系并不止于十二年级,你住的地方也会对你的家人可以获得什么样的高等教育产生影响,而且不同地方的相关费用也不同。

例如,在美国少数几个州,包括加利福尼亚州、特拉华州和马里兰州,为州居民提供免费的社区大学,获得副学士学位可以节省近1万美元。如果你的孩子想进入《美国新闻与世界报道》(*U.S. News & World Report's*)公布的名列前茅的公立大学,如加州大学洛杉矶分校、加州大学伯克利分校、密歇根大学、弗吉尼亚大学或北卡罗来纳大学,如果你住在外州,每年平均要多支付31 416美元的学费和杂费。

带着渺茫的希望搬到加利福尼亚州,希望有一天你的孩子可以进入加州大学洛杉矶分校,这或许并不是最明智的选址策略。单从费用角度而言,你至少不需要疯狂地花时间考量住在哪个州能让你的孩子有机会去上一所好学校，同时不会让你陷入债务危机。怀俄明大学有全美最便宜的州内学费，每年仅 4 620 美元。

教育是地方对其居民的投资。你对自己和家人在知识、才能、技能、就业准备和潜能上的投资越大，合适的居住地给你的回报就越大。

从"摇篮"到"坟墓"

为了解决人才危机并留住现有居民，社区开始从娃娃抓起。想象一下，学龄前儿童经过 16 年左右的 STEM 或者领导力等专业教育，最终完全准备好填补当地的职位空缺。当然，从摇篮到坟墓的人才通道这种想法可能听起来有点匪夷所思，但它确实已经发生了。

例如，弗吉尼亚州能够赢得亚马逊第二总部，关键原因就是其承诺美国联邦政府将投入 2 500 万美元用于提升 STEM 教育和改善全州 K-12 教学中的计算机科学课程，该投入将涉及"每个年级的每个学生"，还提供额外的课外活动，如编程营和勤工俭学计划。理想情况下，早期接受过 STEM 教育的弗吉尼亚州高中生更有可能在大学学习计算机科学，产生 3 万名额外的 STEM 毕业生，亚马逊预计未来 20 年将需要这些人才。

当然，亚马逊更希望现在就有更多的计算机科学专业的毕业生。但正如谚语所说："种树最好的时间是 20 年前，其次是现在。"弗吉尼亚州正在放长线钓大鱼。

其他现在或未来预期工人会短缺的地方正在采取更直接的干预措施。

一些高中开设课程，教授当地雇主最需要的技能，如技术、管理、运营或演讲。其他社区为青少年设立学徒计划。在加拿大纽芬兰和拉布拉多，一项实习计划向50名高中生每小时支付15美元，让他们在当地科技公司从事全职暑期工作，这比他们制作冰激凌或修剪草坪赚得多。该计划希望他们会对业务产生足够的兴趣，之后会继续学习，并在大学毕业后返回该省从事全职工作。

大学和成人教育计划是人才通道真正发挥作用的地方。新人培训为参与者储备当地生物技术工作的知识，科技中心提供数据可视化和数据分析课程。当地人才通道存在的问题是，获取了新技能的软件开发人员是潜在的数字游民，他们可以在所有其他需要技术人才的城市找到工作，如达拉斯、塔尔萨、肖尔斯。什么能让他们留在最初的社区？

实际上没有什么能让他们留下。但俄亥俄州克劳福斯县这样的乡村地区，正想办法让所有的毕业生都知道他们家乡有什么样的机会正在等待他们。该地区的每个八年级学生都会乘坐巴士前往当地最大的一些企业进行实地参观。也许一个中学生在听过北极猫（Arctic Cat）首席执行官解释他们如何在俄亥俄州农村制造雪地摩托后，会决定他未来梦想的工作是在自己的家乡，而不是在克利夫兰和哥伦布这样的大城市。

为劳动力市场培育小孩这种尝试有点令人不安。不过实际上，人们需要工作，雇主也需要员工，这个系统如此令人愉快地运作着。不管怎么样，都会有愤世嫉俗者批评免费的公立学校教育。不过，工作发生了很大的变化。现在，在学校学习编程不是为工厂生产线培养工人，而是给他们提供进入实验室或科技初创公司的可能，这通常是免费的或是作为日常课程的一部分。

如果你在选址策略中考虑学习和成长，你可以寻找对自己和家人有益的当地项目：实习、导师制、小学的课后编程营，以及那些可以让你成为更好的数字游民的培训。

> **住在大学城的好处**
>
> 根据美国社区项目（American Communities Project）的数据，美国大约有 1 860 万人居住在学院和大学聚集的县市，也就是大学城中。对于探寻者来说，大学城在很多方面能满足他们提高生活质量的要求。
>
> - 有很多不同类型的活动可参与，如体育赛事、戏剧演出、电影和音乐会。
> - 继续学习的机会，可以正式注册成为学生，或者轻松一些，只去听讲座、研讨会或者系列演讲。
> - 更好的 K-12 教育机会，如为大学生开的学前班、课后班和夏令营。
> - 可以步行和良好的公共交通，因为大学城一般会满足学生步行的需求。
> - 更好的医疗保健设施，特别是在附近有医学院的情况下。
> - 多样性，大学通常会吸引来自全国甚至海外的学生和教师。
> - 如果你想在当地找到工作，大学城里会有更庞大的工作生态系统。
> - 更稳定的经济，因为大学是一个固定机构。
> - 如果你曾经在这个大学城上学，会留下很多快乐的回忆，这会使你产生更强烈的地域依恋。

第 10 章 唯有一技之长，才能走遍天下

涟漪

如果数字游民正处于某个关键时刻，需要在众多地点中艰难地选择下一步去哪里，那么没有什么地方比毕业季的大学城有更多数字游民了。

也许你还记得为了准备最后一次期末考试而几乎崩溃的感觉，还有规划大学毕业后生活的那种既恐惧又兴奋的复杂感觉。也许你已经把笔记本电脑和脏衣服打包好，在日落时分开车离开，坚信会在梦想的城市找到梦想的工作。

绝大多数学生在毕业后不会留在他们的大学所在城市，大多数甚至没有想过要留下来。他们兴高采烈地前往大城市，似乎那里的声望对得起他们在学校所欠的巨额债务。或许当你在亚特兰大获得一个职位时，你的父母更容易相信你的生活选择是有意义的。

不过对于大学所在的城市而言，一件长期以来令人心碎的事情是，这些城市将资源投入这些受欢迎的 18～25 岁青年身上，结果他们却在毕业后头也不回地离开了。

比如，在美国受过大学教育的成年人净迁出州的排名中，内布拉斯加州位列第 10 名，这里每年约有 1 600 名拥有学士学位的年轻人流向科罗拉多州、加利福尼亚州、得克萨斯州和艾奥瓦州等似乎拥有更多机会的州。戴夫·里普（Dave Rippe）下决心要多留住一些人。

戴夫是位于内布拉斯加州的黑斯廷斯学院斯科特奖学金项目的主任，他是土生土长的内布拉斯加州人。斯科特奖学金是一个新项目，其目标是每年评选大约 7 名戴夫认为是"建设者"的顶尖学生——渴望创造更大的、超

越自身事物的领导者。戴夫说："他们会成为场所的建设者、商业的建设者、社区的建设者——任何事物的建设者。"

根据《为了对城市的热爱》(For the Love of the Cities)一书的作者彼得·影山（Peter Kageyama）的说法，在一个特定社区中，只有 1% 的居民天生就适合成为建设者，而且戴夫本人也是一名建设者，他之前是该州的经济发展总监，开发了黑斯廷斯市中心的项目。戴夫对 1% 这个数字感到很欣慰，这意味着在黑斯廷斯这样的小城市，2.5 万人口的社区大约有 250 名天生的建设者，他们是创业者、领导者或者新项目背后的策划者。

为了让黑斯廷斯变得更好，不必吸引很多的人，只需要更多的建设者。即使戴夫家乡只有 250 名建设者，也可以引发飞轮效应，不断累积动力和能量。因此，他启动了斯科特奖学金项目，开设了"建设者 101"项目。他首先精心挑选了具有领导潜力的聪明学生，然后用 4 年时间让他们了解建设者的远大抱负。如果能让这些学生预见自己可能成为内布拉斯加州的建设者，也许他们会在毕业后留在此地。

对于像艾玛·伊诺克斯（Emma Enocks）这样 19 岁的学生来说，她承认申请黑斯廷斯大学是为了斯科特奖学金，而且内布拉斯加州一直是她看不上的州。"当我第一次来到这里上学的时候，我讨厌内布拉斯加州的一切。"艾玛承认。从她的家乡堪萨斯州开车进入该州，经过写着"内布拉斯加州——美好的生活"的欢迎标志，她会自言自语道："真的是这样吗？"

艾玛逐渐改变了想法。在 2020 到 2021 学年，戴夫利用他庞大的人脉，为艾玛和黑斯廷斯学院第一批获得斯科特奖学金的其他成员安排了一些实地考察活动和高层见面会。他们见了 CEO、市长、企业家、州参议员和非营利组织董事等,甚至还有内布拉斯加州的州长。艾玛开始滔滔不绝地谈论州长。

让艾玛印象最深刻的是她见到了资助她奖学金的亿万富翁。沃尔特·斯科特(Walter Scott)是奥马哈的一家建筑和工程公司的前任首席执行官,他看着艾玛,告诉她,他认为自己做了一项不错的投资,她将会做一些很棒的事情,内布拉斯加州是她非常理想的选择。"这彻底改变了我的世界,"艾玛说,"这些人不仅希望我成功,而且他们还帮助我,希望我留在这里。然而,堪萨斯州州长却没有要求我做一辈子的堪萨斯人。"

其他州和城市也在想方法来留住毕业生。在费城,大学毕业生的流失多年来一直是当地设法解决的一个主要产业问题。当地至少有 50 所高等教育机构,从宾夕法尼亚大学到 7 所社区学院,每年授予大约 9 万个学位。但是,大约只有 28% 的外来学生会在毕业后留在当地工作。通常,费城甚至不在他们寻找全职工作地点的候选名单上。

为了改变这个状况,费城商务部在 21 世纪初期成立了一个名为"费城营"的组织,将学生与该市的工作机会联系起来。该组织赞助举办了招聘会并创建了一个一站式网站,列出了当地的工作和实习机会。费城营每年还赞助数十场职业发展活动,活动主题从成立生物技术工作小组到如何度过研究生生涯。

让剧情逆转的是费城营的第二个任务:让学生们爱上费城,让他们想留下来。费城营前任主任黛博拉·戴蒙德(Deborah Diamond)说:"你必须让学生走出校园,感受校园之外还有一座城市。"为此,费城营举办了一年一度的大学节,欢迎学生进城。他们在网站上提供了费城探索指南,其中包含城市活动列表、社区指南以及剧院、博物馆和体育联盟的折扣,这些活动可以让非当地人感觉自己属于这里。

在大学毕业季这个数字游民做决定的时刻，费城营成功地将年轻人关注的地点和工作交织在一起，创造出了成功的故事。费城现在留住了 54% 的大学毕业生，这为当地每年额外带来 3.94 亿美元的税收。

其他城市也开始了自己的类似项目，比如北卡罗来纳州的格林斯伯勒、俄亥俄州的克利夫兰和纽约州的罗切斯特。

大多数大学城从来没有想过他们的学生会永远留下来。在居民和全日制学生群体之间的较量中，或者在围绕大型聚会和噪音问题发生的无休止争吵中，一些人不认为大学生是真正的居民：大学生处在一种奇怪的境地——不是属于这里，也不是属于那里。当我告诉人们我自己在布莱克斯堡时，我不得不说，我不确定有多少大学城的学生被算进了 4.3 万的人口数量中。

然而，大学生很容易喜欢他们上学的地方。如果你回顾曾去过的地方，那么你的大学城可能会出现在选址名单上。黛博拉说："我认为，在这一代人中，特别是 2020 年之后，人们越来越意识到必须全方位审视自己的生活……为了一份完美的工作而牺牲朋友、宜居的公寓和你喜欢的社区变得没有意义了，从来就没有意义。"

经过全方位的考量，艾玛意志坚定地回到堪萨斯州的家乡，在她父母和祖父母居住的城镇行医。"戴夫非常擅长内布拉斯加州的商业化，"她承认，"它是一个很棒的州。"但就当下而言，她还是想回到堪萨斯州。

第 10 章 唯有一技之长,才能走遍天下

"回老家"的挑战

大学城希望留住他们的毕业生,其他社区希望吸引他们回来。无论艾玛未来决定做什么,她选择回老家这点并不孤单。平均而言,搬到乡村社区的新居民中,有 25% 的人是 30 多岁和 40 多岁的时候选择回老家,他们是曾经体验过城市生活的人,知道自己缺什么。明尼苏达大学的农村社会学家本·温切斯特(Ben Winchester)说,当成年人开始结婚生子,他们会回老家。他看到的数据表明乡村社区的人才是增多而非流失的。

选择回到原来的地方,部分原因是你会在工作中表现得更好。哈佛商学院教授普里提拉杰·乔杜里(Prithwiraj Choudhury)研究了工作地点对员工的影响,在他的一项研究中,一家印度科技公司将新员工随机分配到全国 8 个地点。在接下来的几年时间里,工人离家乡越远表现就越差。**就像一条离开水的鱼,他们的工作表现很糟糕。**

这家印度科技公司最大的损失发生在排灯节期间,这是印度教中最重要的节日,类似于基督教的圣诞节。如果印度工人离家太远而无法回家,那么情感上的缺失就会使他们的工作质量下降。乔杜里建议雇主通过提供更多的灵活性和休假时间来解决这个问题,这样身处远方的工人就可以回家过排灯节,但更好的解决方案是让工人离家更近。如果他们是数字游民,他们就可以随时回家。

与大学生和科技工作者一样,"回老家"已成为吸引和留住人才的博弈中的热门商品。北卡罗来纳州格林斯伯勒有一个旨在吸引人才的网站,其中展示了曾经住在格林斯伯勒的人回老家的故事,包括乘坐喷气式飞机从纽约回来的人和俄勒冈州波特兰的行政总厨,网站上还附上了"格林斯伯勒的大

咖们"的联系方式，他们愿意告诉你当你不在的时候错过的所有好事。

一些地方提供了回老家的专门经济补贴。"归乡奖学金"为拥有 STEAM[①] 学位的大学毕业生提供 1 万美元来偿还学生贷款，条件是他们在当地找到一份工作或在密歇根州的中部地区创业。这种做法的重点是为当地经济吸引贡献者。用戴夫的话来说，是吸引建设者。

数字游民返回家乡会面临不小的挑战。你可能需要考虑，你是否需要向你的高中化学老师解释你的职业？每次家里的厨余粉碎机不工作时，你妈妈是否会让你回家帮忙？还有时，回老家会被老家的人认为在外面混不下去了。

但如果你能克服以上困难，你就可以得到回老家的好处，如离家近、缓解乡愁和满足已经根深蒂固的地域依恋。一位曾在伊利诺伊州芝加哥和加利福尼亚州圣莫尼卡工作，后来回到艾奥瓦州的人这样解释："这里的某些传统和价值观与两个沿海地区不同。我喜欢加利福尼亚州，但我不想在那里成立一个家庭。我希望在父母身边，我希望我的孩子拥有和我一样的回忆。"

即使是迫切希望有才华的学生留在内布拉斯加州的戴夫也同意这一点。"认为我们应该让每个学生都留在这里，我们应该用双臂搂住他们，永远不要让他们离开，这是非常狭隘的想法。我们真正期望的应该是，'离开这里，四处去看看，最终理解我们的价值主张，回来并成为建设者'。"

戴夫喜欢告诉斯科特奖学金获得者，内布拉斯加州有多么需要他们，有多大程度的意愿接纳新的想法，他们在该州生活会有多大的不同。"你可以一石激起千层浪。"他说。

[①] STEAM 专业指科学（Science）、技术（Technology）、工程（Engineer）、艺术（Arts）和数学（Mathematics）。——编者注

> 选址策略：学习

为居民提供各种可以提升技能、实习、转变职业或者找到下一份工作的方法，是城市吸引和留住下一代人才的策略。你和你的家人可以采用以下的方式利用现有资源。

1. **了解更多**。大多数数字游民需要定期提升技能或学习新技能，你可以在居住的地方找到免费培训或资源。例如，在康涅狄格州，你可以获得 180 天的免费资格，从 Metrix 在线学习平台的 5 000 多门课程中挑选可以提升技能的课程，而奥斯汀市则为居民提供免费的全栈工程师的新人训练营。在线搜索"员工发展"和你所在城镇的名称，可以查看你可能有资格获取的资源。

2. **加入技能提升挑战**。肯塔基州的路易斯维尔市与微软合作，提供来自谷歌、IBM 等知名企业团体的免费在线课程，最终通过 30 天的挑战可以获得技术认证，这将使你更容易就业。为了激励 2021 年的队员，参与者可以参加每周一次的免费笔记本电脑抽奖活动，该活动由"路易斯维尔未来工作计划"赞助，纽约也有类似的活动。

3. **帮助你的孩子找到实习机会**。为了尽早建立人才通道，明智的公司会为高中生预留实习空间。毫无疑问，去公司比去非洲执行任务要好。相关咨询部门或当地经济发展办公室会提供有关信息。

4. **考虑区域性**。一个小镇可能没有你想要的一切。但是，如果你处在一个两个小时就能逛完的小镇的中心，很可能可以满足你的大部分需求，包括将来得到一份非远程工作的需求。

5. **考虑上学**。为了完全摆脱地理的束缚，你可能想让孩子在家上学，有很多选择可以让你实现这一点。如果你不想这样，你也可以在大多数地方找到适合你孩子的学校。请记住，考试成绩并不是评估学校质量的唯一指标。温切斯特指出，在他所在的小镇学区，他的孩子有更多机会参加体育运动等课外活动。

6. **重视孩子长大的地方**。你希望你的孩子可以为自己选择最好的居住地，但是不要仅仅因为你希望他们在其他地方也可以获得良好的体验，就轻视他们长大的地方。密歇根州的一个小镇在学生高中毕业时为他们提供了一个电子邮箱账号，这是为了告诉他们：无论你走到哪里，这里都会有你的一席之地。

地点调研：爱达荷州伯利镇

人口：约 10 000

地理位置特殊：距离犹他州和内华达州的边界比本州州府博伊西更近，只要 2.5 小时的车程。

好市多超市：双子瀑布向西行驶 45 分钟。

人们住在这里的原因：通常是因为这里是他们的家乡。迈克·拉姆齐（Mike Ramsey）和他的妻子在大学毕业后回到伯利，开设了一家不受时间和空间限制的营销公司 Nifty Marketing。"搬回伯利的风险非常高，"迈克说，"但我觉得这是正确的做法。"他们的家人仍然住在那里，他们想要那种有固定保姆和周日与大家庭共进晚餐的生活。在迈克辞去工作开始创业的那天，他们的房子也破土动工了。就像埃尔南·科尔特斯（Hernán Cortés）[①]烧毁了船只一样，他们没有回头路了。

当地自豪感： Nifty Marketing 公司的绝大多数客户都不是当地人。他们中的大多数人都不知道公司的总部在哪里。然而，在 Nifty Marketing 公司成立的早期，迈克很少谈及他工作的小镇有多小，他担心这会显得不够严肃。随着时间的推移，在伯利这个小镇工作成为一种体现公司多样性的积极因素，也是一种体现小镇价值观的方式。正如迈克解释的那样："我们开始接受它。"

当地的生活： 起初迈克很担心，但实际上 Nifty Marketing 公司吸引人才相当容易。迈克指出，他们在博伊西这样的城市赚到的薪水，如果在伯利消费，可以花得更久；有孩子的家庭生活十分美好。迈克说："有一些人完全认同这点，他们很高兴在一个生活质量高的地方找到一份更城市化的工作。"一些员工是当地人，那些非当地的员工也想要购买自己的房屋并参与更多的社区活动。这使得 Nifty Marketing 公司更能抵御其他地方公司的行业竞争。愿意待在伯利

[①] 埃尔南·科尔特斯（1485 年—1547 年），大航海时代西班牙航海家、军事家和探险家，在征服阿兹特克帝国期间，为了避免手下士兵临阵脱逃，下令烧毁船只，以破釜沉舟的决心成功征服阿兹特克帝国。——编者注

的员工会愿意留在 Nifty Marketing 公司。

振兴伯利：在伯利这样一个小镇，一家拥有 25 名员工的公司就会产生巨大的影响。几年前，迈克在伯利 20 世纪 50 年代就衰落的市中心购买了一座破败的建筑作为公司的总部所在地，这对当地经济产生了巨大的推动作用。现在伯利有多个项目正在进行中，一些企业家正在购买和修复长期闲置的房地产，当地出现了一家高档餐厅、一个新的房地产办公室和一个客户服务中心。他的一些员工甚至脱离公司，成立了新的公司。对迈克来说，这不代表竞争，而是伯利一个产业的成长。

未来的学习：如果迈克的四个孩子想上州立大学，他们有很多选择，包括爱达荷大学，其 2021 年的州内学费为每年 8 300 美元。同时作为西部州际高等教育委员会（Western Interstate Commission for Higher Education）的一部分，爱达荷州与 15 个西部州签订了互惠协议，因此学生可以在 160 多所公立大学和学院获得学费减免。

如何结束人才流失：迈克认为，培养本土创业精神是拯救这类小镇的关键。伯利的高中每年大约有 200 名毕业生，他们通常会去其他地方；伯利的其他乡村学校每年大约有 200 名毕业生。也就是说，当地每年会失去 400 名高年级学生。如果能说服其中一些人留下来或者回到家乡，并"开始和构建新形态，那么这就是拯救和发展美国小镇的方式"，迈克说。

现在你可以：

- ✅ 了解各个城市的人才奖励政策；
- ✅ 了解各个城市的人才培训或相关资源；
- ✅ 考虑留在教育资源丰富的地区。

第 11 章

找回初心，
通向理想生活之路

IF YOU

COULD LIVE

ANYWHERE

你是否：

- ✅ 想为世界做出贡献？
- ✅ 感到自己的工作没有意义？
- ✅ 想要助力自己社区的发展？

第 11 章 找回初心，通向理想生活之路

2016 年，阿曼达·施塔斯（Amanda Staas）和她的丈夫卢克·恩卡弗（Luke Uncapher）在等俄亥俄州贝尔方丹市中心的酒吧的座位，他们在街上漫步，来到一个五角形大楼改造成的老式砖砌的迷你商场，里面有几家商店、理发店、银行和咖啡馆。阿曼达看到其中一家的窗户上贴有出租广告。他们在酒吧坐下来后，阿曼达立刻给广告上的邮箱发了电子邮件，说："我对这个店感兴趣。"

贝尔方丹有 13 370 人，阿曼达和卢克之前只去过几次。而现在他们搬进了那里的一所老房子，他们的工作仍然在哥伦布，如果交通拥堵，开车需要一个多小时。阿曼达在 Express 公司总部的电子商务部门，卢克在一家模具公司担任工厂经理。"我的工作时间很令人抓狂，因为我不得不在堵车的时候出门。"阿曼达说，"我们知道，一旦有了孩子，就没办法再这样下去，要不我可能真的见不到孩子们了。"

阿曼达的解决方案是在离家更近的地方开一家服装店，她会时常电话询问马里斯维尔附近正在出租的零售店面，记下房地产经纪人回复给她的信息：110 平方米，800 美元，包含电费。

当她与贝尔方丹商场的房东联系时，情况截然不同。他们很高兴她想在

我身安处是职场
IF YOU COULD LIVE ANYWHERE

空荡荡的商场里开设一家服装店。他们告诉她，这和他们对这个商场的设想一致，事实上，他们已经安装了适合服装展示的高端照明系统。阿曼达打算在开这家服装店时先将她的全职工作保留一段时间，这个计划也没有让他们担心。"我们很灵活，"他们说，"无论你需要什么我们都可以提供。"

"我立刻感受到了他们的支持，"阿曼达回忆道，"他们马上就准备好了房子，我的感觉是，'哦，他们很重视这件事。'这和一个房地产经纪人告诉你，'先给我 800 美元'完全不同。"

商场的房东是一个名叫杰森·达夫（Jason Duff）的 39 岁男子，他的父亲经营建筑公司，他在母亲开在附近城镇的商店里长大。在俄亥俄北方大学获得商学学位后，他搬到了贝尔方丹，并在 2008 年经济危机之前拿到了房地产经纪人执照。他从来没有卖出过一处房产，他现在考虑的是买房。

与俄亥俄州"铁锈地带"①的许多小镇一样，贝尔方丹是一个曾经繁荣的农业和制造业社区，在过去的 30 年里一直在努力寻找新的立足点。一些居民想拆除贝尔方丹市中心美丽的老建筑，为停车场腾出空间。杰森无法忍受这种浪费潜力的想法。因此，在 2010 年，他以 1 美元的价格从镇上的土地银行购买了一座 1890 年的砖砌建筑。

杰森的模式是先购买建筑物，然后翻新它们。他在 2011 年创立了一家开发公司"小国度"（Small Nation），招募最优秀的人来经营他预期的商业业态。杰森和他的团队非常清楚，想要扭转贝尔方丹的发展路径，他们必须改造它，让它拥有大城市的设施。"当我回到俄亥俄州的小镇时，"他解释说，"我想为像我这样的人找到一个想要回来的理由。"

---

① "铁锈地带"主要指美国五大湖区周围以重工业为主要产业的地方。——编者注

在法院对面那栋建于 1890 年的砖砌建筑中，杰森和他的团队建造了可以烤制砖炉比萨的餐厅，并说服了五届世界比萨制作大赛冠军得主离开她的上家餐厅，到这里来工作。这家餐厅在网上有 1 000 多条评论，平均评分现在仍为 4.7 星。

接下来，杰森认为贝尔方丹需要好喝的咖啡。他访问俄亥俄州利普西克市，一个位于贝尔方丹以北约 1.5 小时车程、有 2 000 人的村庄，在村庄中心的一家咖啡馆与一位特别热情的咖啡师聊天。当杰森发现这位咖啡师布雷登·坎贝尔（Braydon Campbell）是在贝尔方丹附近长大的时候，杰森邀请他来参观。

杰森在他最近购买的建筑里摆上了一些旧家具，让它看起来像一个咖啡店。于是布雷登被成功说服了，他回到了贝尔方丹，创办了一家咖啡店。5 年来，他一直在那里销售手工烘焙的有机咖啡。

贝尔方丹的规模和当地官员对振兴的开放态度使杰森的钱可以做更多的事情。在这里做决定的速度也更快，因为没那么多繁文缛节。"8 年来，我们在这个小镇已经翻修了 40 多座历史建筑，"杰森说，"如果我在哥伦布，用同样的钱也许只能翻修两三座。"

年复一年，"小国度"将空旷的市中心空间，改造成了人们想要看到的贝尔方丹。杰森说服贝尔方丹"留胡子俱乐部"的成员开设了一家精酿啤酒厂。他在 Etsy 上邀请俄亥俄州最成功的卖家来看看贝尔方丹的实体店面。如果他们犹豫不决，他会说服他们假期在商场开快闪店，并告诉他们："我相信在 11 月和 12 月你的销售额会非常好，你肯定会想要在这里开个店面的。"

对于退休人士、拥有技能的人、壁橱商，"小国度"会通过提供廉价空间、启动资金、长期培训、指导与宣传，使他们能够轻松开展业务。通常，

"小国度"会提供一个蓝图，比如咖啡馆的外观，以便潜在的零售商相信咖啡馆可以在那里存活。当他们期望一个空荡荡的店面成为一家面包店时，他们会把甜甜圈和松饼的图案贴在橱窗上，这样路过的人会说："在那个地方开一家面包店会不会很棒？"

"小国度"也会在社交网站上助推这种热情："投票！你认为在这里开面包店怎么样？你希望看到什么样的面包店？"人们会把帖子转给他们做烘培的朋友，"小国度"的工作人员会一丝不苟地跟进所有信息。

贝尔方丹的市中心就像有场秘密行动，"小国度"将令人向往的事物逐一变为现实。体育酒吧？可以有。咖啡馆？可以有。贷款业务、文身店和CBD商店？没有。杰森认为这不符合他对高档、适合家庭入住的贝尔方丹市中心的愿景。"小国度"试图逐渐将贝尔方丹打造成一个时髦之地。

杰森的"小国度"能够有所作为的一个重要原因是贝尔方丹的经济基本上已经触底。"对于像我这样的人来说，正是因为经济上的情况变得如此糟糕，我才有机会购买房产并做出积极的改变。"杰森说。低廉的房产价格、资金通道、低限度的监管和愿意合作的社区伙伴都起到了助推的作用。

你绝不能低估愿景的价值。阿曼达开的服装店，就在杰森设想中服装店的位置，生意非常好。2018年，阿曼达辞去了工作，将服装店搬到了街对面的店面，面积几乎翻了一番。不用说，那栋楼也归杰森所有。

不只是钱，还有热爱

10年间，"小国度"11人的团队吸引了2 800万美元的公共和私人投资，购买和翻新了 40 座建筑；在市中心拥有 7 家新餐厅和活动空间、26 套 loft 公寓，并引入了 50 家以前没有的零售商户；在这个约有 1.4 万人的小镇上创造了 121 个新工作岗位。

"我认为秘诀在于，你必须找到热爱小镇的人，"杰森说，"而且他们是真正愿意非常、非常努力工作的人。"

我不想把事情说得过于理想主义，杰森可能已经扭转了贝尔方丹的局面，同时他也赚到了钱。"小国度"的年收入超过 100 万美元，拥有 60 多处房产。

但杰森不只是为了钱。如果是那样的话，他很可能会一直做他的第一个开发项目，即在贝尔方丹郊区建造一个自助存储设施，银行建议他在购买古老建筑之前可以先这样做来积累业绩。如果是别人可能就那样做了，建造自助存储设施可以轻松赚钱，低成本、低能耗的赚钱机器谁会不爱呢？

若不是杰森对城镇的未来有更高的预期，他可能就全心投入自助存储设施中了。他的目标只是让他和其他住在那里的人更好地体验贝尔方丹，却恰好成了当地经济变革的强大推动者。

批评者会说，杰森或许太强势了。尽管杰森不是民选官员，"小国度"却在过去 10 年中很大程度上推动了贝尔方丹的发展。不是每个人都喜欢改变，我们有时称他们为"穴居人"（CAVE people），CAVE 即 citizens against virtually everything（几乎反对一切的公民）的首字母缩写。

杰森不认为必须拥有足够多的资金才能够有所作为，同时他的目标也不是成为"拥有镇上所有建筑物的大型沃尔玛巨人"。他计划将其建筑物的所有权对半分给经营者。

还好，大多数居民都相信这一点。几年前，一位年长的妇女来到杰森身边说："谢谢你帮助我重新爱上我的小镇。"杰森顿然醒悟："我做的事是有效的，是很有意义的，是很重要的。"

感觉自己的工作有意义是大多数人希望从工作中获得的重要回报，亚当·格兰特等人对 Facebook 员工做的调查研究就表明了这一点。曾几何时，做事、赚钱、回家就足够了；而现在，我们希望能够感受到自己为这个世界做出了贡献。

也许作为数字游民，你已经拥有一份感觉很有意义的工作。你正在制作改变生活的博客或播客，指导客户做出积极的改变，或者开发让其他人的工作变得更轻松的软件。

或者，也许你只是在做些小事，那也没关系。

我们希望自己的工作有意义，但坦率地说，并不是所有的工作都是有意义的，或者需要在逻辑上拐个弯才能让它看起来有意义。比如我正在推销的烈酒让人们……快乐？或者在逻辑上再拐个弯，如果我们不在工作中寻找意义，而是在居住地寻找意义呢？

变更代理

对于一些幸运的人来说，比如杰森，工作和帮助居住地是同一回事——他的日常工作对他所在的城镇产生了明显的积极影响。

即便是阿曼达，她开服装店只是想缩短她可怕的通勤时间，但她在贝尔

第 11 章　找回初心，通向理想生活之路

方丹也感受到了自己带来的深刻影响。她的店吸引着人们进入市中心，也在助推城市发展。阿曼达会定期抽出时间参加社区活动、商业团体和学校的筹款活动，她商店的成功与贝尔方丹的成功密不可分。

通常，人们会利用自己的工作技能建设社区，例如艾奥瓦州的定居者达茜·莫尔斯比，她为小镇撰写营销文案，或者西弗吉尼亚州的电影制片人贾斯汀·利顿，他拍摄精美的视频来帮助其他小企业取得成功。

然而，许多数字游民的工作完全是线上。如果你是远程工作者或是为全球客户服务的自由职业者，你的工作和居住地可能没有明显的交集。如果你几乎与现实世界没有接触，那你甚至不比拥有自助存储设施的人更有影响力。在我写《这是你的归宿》之前，在我的镇上，唯一知道我以什么为生的人，是因为他在牙医办公室的《读者文摘》（Reader's Digest）看到了我的文章。

但其实你不必在你居住的地方工作或拥有一家企业，也可以助推你的城镇。只要住在那里，你就可以参与并影响社区的经济生活。

有些事情会自然地发生：你住在这里，支付租金，在餐馆吃饭，买杂货，你就顺势推动了当地经济发展。正如 Upwork 的首席经济学家亚当·奥齐梅克（Adam Ozimek）指出的那样，数字游民可能会提高经济效率，并将机会从主要的城市传播出去。当你尝试住在某个地方时，你就巩固了它的经济基础。

仅仅因为你住在那里，就能成为当地的变革推动者——做志愿者、社区活动家，或是在小朋友的二手市场活动上买点小玩意。有意识地主动参与社区活动会增强你对地方的依恋感，即对特定地方的归属感和热爱。另外，这

还可以帮助你体验到生活中更多的意义感和目的感。

现实告诉我们，乡村经济是最稳定的经济，它可以满足当地需求，也能惠及社区成员。当社区成员团结起来拯救一家即将倒闭的餐厅时，或者当地方集资来支持失业的发型师和咖啡师时，它传递给你这样的信息：如果你加入乡村，乡村将会帮助你。

永远不融入乡村，而是像漫游者一样说走就走，或是像探寻者一样不停寻找，这听起来很诱人。在这个令人精疲力竭的时代，避免与需要你融入的社区纠缠在一起似乎让你感觉更轻松，这也好像更明智，可以让你腾出时间专注于赚钱。

然而，**工作也好，生活也罢，你与居住地互动越多，你的境遇就会越好**。在圣地亚哥，一位需要进行开胸手术的书店老板让几位书店的老板同行，也就是他的竞争对手，在他康复期间帮他看店。

当生活偏离轨道时，你所在地方的人可以照顾你以及你的生计。

作家珍妮·安德森（Jenny Anderson）解释说，社区"与一系列小的选择和日常行动有关，比如：如何度过一个星期六；当邻居生病时该怎么办；如何在没有时间的情况下腾出时间；了解他人并被了解；在一些事上选择性地有所投入。融入社区就像搭乐高积木一样，一次一块积木，没有捷径"。

当你是数字游民并且你的城镇就是你的办公室所在地时，你不必执着于从谋生的工作中获得意义感和目的感，而更会关注为居住地做出贡献并获取意义感和目的感。你对使命感的追求让你成为居住地的好公民。

第 11 章　找回初心，通向理想生活之路

无时无刻都应拥抱多样性

有时，在我们搬到某地之前，我们的需求就开始塑造那里了。

伊尔哈姆·沃森（Elham Watson）幻想着北卡罗来纳州，特别是有几个朋友定居的夏洛特，那里每平方英尺的房价比她的家乡萨克拉门托低 100 美元左右。伊尔哈姆会告诉我，萨克拉门托的房地产市场充斥着各种疯狂的报价，各种违约条款。"我已经厌倦了每月花 3 000 美元，却只能住在公寓里。"她说。

几年前，伊尔哈姆在一家投资公司担任研究员，她的工作可以远程完成。最近，她的丈夫马特作为环境顾问也可以远程工作了。加利福尼亚州变得越来越令人沮丧，尤其是物价昂贵。于是，伊尔哈姆与丈夫成为数字游民，不再受地域限制。伊尔哈姆说，在加利福尼亚州过正常的中产阶级生活需要获得上层阶级的收入。"我们的收入很不错，但仍感觉负担不起。"现在，夏洛特在美国的另一端召唤着她，住在那里似乎更合理。

价格低廉在他们的选址策略清单中名列前茅，但他们另一个优先考虑的地方价值是多样性。伊尔哈姆作为第一代伊朗人在萨克拉门托市中心长大，她记得她的学校朋友曾经来自各个种族。后来她的家人搬到萨克拉门托郊区，她突然之间成为少数。"我当时想，'为什么我如此不同？'，我从未觉得自己这样特殊，竟受到那样的对待。"她的哥哥在"9·11"事件发生时正在上高中，他的感觉更糟。"因为这些，我对多样性变得敏感。"伊尔哈姆说。

夏洛特的人口中 35% 是有色人种。伊尔哈姆的丈夫是白人，孩子是浅肤色，她担心找不到有多样性的合适地点。如果他们选择一个有色人种社区，她的孩子是不是不会像她和哥哥一样被歧视？但如果他们生活在白人占

多数的社区，会不会远离自己的伊朗传统？

大多数人至少在口头上表示希望生活在一个多样性的社区中，在这个社区中，不同种族、宗教、国籍、语言、收入水平、性取向和性别角色的人都有宾至如归的感觉。根据 2020 年的宜居性调查，大多数千禧一代将多样性作为选址策略的一部分。90% 的西方受访者表示，他们更有可能搬到他们认为多元和包容的地方，88% 的非白人受访者表达了相同的观点。

对于地方而言，多样性是成功的真正标志。在社会学家理查德·佛罗里达（Richard Florida）2002 年出版的《创意阶层的崛起》(The Rise of the Creative Class) 一书中，他根据容忍指数对城市进行排名，该指数衡量有多少移民和在外国出生的居民居住在那里，以及种族多元化群体的融合程度。最欢迎不同群体的城市也是最成功的：收入更高、创新更多、幸福指数更高。

然而，我们所说的、我们想要的和我们实际选择的并不总是相同的。在工作场所，员工可能会说他们重视多样性，但实际上并不想将其作为决定性因素纳入招聘和晋升决策中。大多数人都受到强烈的群体内偏见的影响，这种偏见会无意识地将我们引向一样的行为和思考。

无论喜欢与否，多样性都呈上升趋势。在美国，近 70% 的大城市在过去 10 年中变得更加多元化。由于大约 50% 的 Z 世代来自有色人种社区，这种趋势可能会持续下去。即使是乡村地区也变得越来越多样化，尽管速度较慢。

你可能像伊尔哈姆一样，**意识到自己作为探寻者，拥抱多样性就可能可以帮你抵御群体内相互同化的倾向。如果你是定居者，你可以有意识地支持**

居住地的原住民和有色人种及其拥有的企业。如果你是一个漫游者，你可以仔细了解如何与拥有其他文化背景的人互动。

经济上的成功并不是均衡发生的，也并非世代相传。将多样性作为选址策略的一部分，然后支持你的社区，这是作为数字游民能够做出影响的一种方式。

小而美的哲学

经济稳步增长是经济学家衡量城市成功的黄金标准。更多的企业，更大的产出，更多的工作，更高的收入——更多、更多、更多。

在某种程度上，更多的钱真的可以让你的生活更美好。普林斯顿大学在 2010 年的一项著名研究发现，年收入 7.5 万美元是让个人感觉生活过得很好的最佳点，根据通货膨胀进行调整后，2021 年这个数值为 9.1 万美元。在这个数值之上，更多的钱并没有显著增加幸福感。

"更大更好"的经济发展模式也没有帮助社区实现更健康、公平或可持续发展。正如比尔·麦吉本（Bill Mckibben）在其精彩的《深度经济》（*Deep Economy*）一书中指出的那样："也许追求经济发展的行为本身已经使我们更加个体化，进而更少地融入社区，以一种与我们本能背道而驰的方式孤立自我。"

2020 年初至 2022 年左右，有些人成为数字游民，有些人不会，这就是经济不平等的表现。例如绝大多数情况下，白领工人能够和家人一起待在家里，而服务人员则不得不继续从事那些只能提供很少财务保障、医疗保险或疾病防护的工作。

即使是现在，可以在任何地方工作的好处仍然是最贫穷的美国人遥不可及的。根据红鳍公司（Redfin）[①]的一项调查，78%搬家的人表示，尽管他们已经搬到了更大的房子，但仍然有更多的可支配收入。如果你是走在搬家前列的人，那么你很可能是一位高薪的白领。90%的年收入超过10万美元的人希望在未来能够以线上方式工作，但只有10%的年收入在4万美元或以下的人有相同的想法。

红鳍公司的首席执行官格伦·克尔曼（Glenn Kelman）指出："最需要低成本住房的人搬家的灵活性最差。"

共同富裕以确保每个人都过得好从来都不是美国经济发展的目标。但在部分社区，你会看到数字游民正试图通过帮助每个人做得更好绕过旧体系并建立一个新世界。

鲁迪·格洛克（Rudy Glocker）在拥有1 600人口的新罕布什尔州林肯市创办了他的户外服装公司"激扬户外"（Burgeon Outdoors），因为他想对那里产生影响。他很喜爱这个他小时候避暑的地方，也目睹了白山山脉的经济波动和人口萎缩。"不幸的是，很多工作已经从这些社区迁移出去，我想扭转这种局面。"他告诉我。

作为滑雪者和徒步旅行者的户外活动中心，林肯市具有一定的竞争优势，面积小这点对鲁迪来说吸引力更大。"如果我在纽约市创造10个工作岗位，甚至没人知道，"鲁迪说，"如果我在一个1 500人的社区中创造10个

[①] Redfin 是一家从事互联网房地产交易、经纪服务的美国公司。——编者注

第 11 章　找回初心，通向理想生活之路

工作岗位，那就接近劳动力市场的 1% 了。如果你想具有影响力，你必须去一个你的影响力会被感知到的地方。"

出人意料的是，在林肯市很难雇用到具有合适工作技能的当地人。工厂在 25 年前关闭，所以知道如何缝纫的人很少。如果鲁迪的公司是开在纽约市或波士顿，鲁迪可能会更幸运地找到缝纫工人，而且支付更少的钱。"但是我压根就没有动过这个念头，因为这不是我们想要做的，"鲁迪说，"我们不会试图在波士顿创造更多的就业机会。"鲁迪想要做的是重建一个不景气的社区，而开服装公司只是为了赚些钱来进行重建工作。

作为经济学家、拥有哈佛商学院 MBA 学位的鲁迪为自己的员工提供了灵活的工作时间、能够维持生活的工资、医疗保险和每月的销售奖金。他将销售额的 5% 捐赠给当地的非营利组织。鲁迪的公司在疫情期间制作并捐赠了 1 万个口罩。鲁迪的公司以某种方式让新罕布什尔州的乡村更加宜居。

在人口仅有 320 人的西弗吉尼亚州的沃登斯维尔，保罗·扬杜拉（Paul Yandura）和唐纳德·希契科克（Donald Hitchcock）也有类似的经历，尽管他们是无心插柳。他们在华盛顿特区以外的地方买了第二套房子，在华盛顿保罗经营一家政治咨询公司，唐纳德出售医疗设备，直到有一天他们决定不再回去。

"唐纳德和我看着对方说，'好吧，我们在华盛顿待够了，我们还能做什么？'"保罗回忆道。他们搬到他们的沃登斯维尔小屋并开始全职出售房地产。

除了一家 7-11 便利店和一家多来店，沃登斯维尔可以说什么都没有。所以，当一家旧饲料店上市出售时，保罗和唐纳德买下了它，把它变成了一

家时髦、有趣的商店，他们称之为"失落河贸易站"。从精酿啤酒到当地制造的香烛，贸易站摆满了各种商品，店面前面还有一尊亮橙色的奶牛雕像。贸易站生意兴隆，自2013年开业以来，每年的销售额都在以两位数的速度增长。

在一个小镇上，一个成功的商业本身就会在收入、财产税和游客方面产生巨大的经济影响。之后发生了两件事。

首先，唐纳德没有在他们位于贸易站隔壁大街的房子上挂邦联旗。"这引起了巨大的轰动。"保罗说。他们选择邦联旗的邻居，对此表示了愤怒。保罗和唐纳德的财物遭到了破坏，他们甚至收到了死亡恐吓。但旗帜不同更像是表明多样性的明确信号，这表明沃登斯维尔也许不像想象的那样保守。

其他人也被镇上正在发生的变化吸引，他们从华盛顿搬来，在这里定居并开办了小企业，他们说："如果你们能做到，我们也能做到。"一名骑摩托车的女士找到了保罗和唐纳德，最终买下了镇上的旧汽车旅馆，并将其改造成《富家穷路》(*Schitt's Greek*)的风格。

现在，保罗和唐纳德的房地产客户类型多样，他们都希望在沃登斯维尔购买房产。"所以，在这里我们获得了前所未有的多样性。"唐纳德说。

其次，保罗和唐纳德创办了一些非营利社会组织，包括一个农场、市场、面包店和厨房，这是保罗所说的"生活教室"，他们在里面培训当地年轻人。他们长期雇用80到100名员工，其中很多人是青少年，如果没有这个组织，他们只能在沃尔玛或养鸡厂工作。

有趣的是，镇上的敌对者对此保持了沉默。保罗说："很多长辈可能会表达他们对我们的看法，但他们的孩子会说，'我们认识他们'或者'我为他们工作，他们非常好'。"

拯救你所爱

不需要做什么宏大的事情，如开设自己的企业或非营利组织，你也可以在力所能及的情况下改变你的社区，你可以投资在人身上。在费城，一个名为"阿姨叔叔圈"的团体将他们的资金集中起来，向小企业主提供贷款，尤其是向女性、有色人种和低收入的人，这些人可能无法轻松地获得其他形式的投资。

2015年，他们的第一笔低息贷款投给了海尼费·萨马德（Hanifah Samad），她经营着一家海地克里奥尔风格的精品店。海尼费刚刚将她的商店搬到了费城的老城区，需要资金来增加库存。于是"阿姨叔叔圈"投资了她。

其他21家小企业主，包括一家小批量冰激凌制造商、一家咖啡店与熟食店老板、一名服装设计师和一家纺织品制造商，都收到了"阿姨们和叔叔们"的慷慨解囊。他们不仅仅是贷款的接受者，他们还被看作"侄女"和"侄子"，并得到了不少建议。

如果你想对你所在的城镇产生影响，请投资那些你希望蓬勃发展的人以及对你而言重要的地方。

可能在很多城镇，最重要的场所是当地的酒吧。南斯托克是英格兰80个社区中的一个，村民们集体拯救了镇上的酒吧。马帮酒吧（Packhorse hub）向社区成员出售了600美元的股票，并招募了志愿者花费数百小时来装饰这个地方。当马帮酒吧重新开业时，整个小镇的人都出现了。"我们现在有 430 人希望它生意兴隆，"负责主导"拯救马帮"（Save the Packhorse）项目的当地企业家多姆·穆尔豪斯（Dom Moorhouse）说，"他们都是我们的市场营销人员。"

在澳大利亚奈厄宾，一个小镇用社区作物的收入挽救了当地的酒吧。在 6 平方千米的城镇土地上，每个人都种植作物（通常是大麦），每个人都收割，他们筹集的资金通常高达六位数，全部用于基础设施项目，比如购买和翻新镇上的酒吧、把奈厄宾客栈变成一个聚会场所。

我们拯救我们所爱，我们爱我们所拯救的——因为我们拯救了它。也许仅仅是因为它需要你，你就选择住在那里，这似乎很奇怪。但是，如果这是你正在寻找的意义感，那么低税收和廉价的住房远没有为社区做贡献的感觉那么好。如果你可以将居住地的经济视为一种人群、生活和愿望的集合，那么当你对它的成功有所贡献时，你就更能有使命感。

> **选址策略：目标**

目标（purpose）是满足和激励员工的 3 个 P 之一，另外两个是职业（profession）和人员（people）。对于数字游民而言，在你的社区支持当地经济的成功可以为你带来强烈的使命感。你可以采用以下方法去实现这一点。

1. 做出明智的决定。 更加留意在哪里以及如何花钱。正如鲁迪所说："我们每天都做出的这些微小的渐进式决定会产生潮汐般的影响。"

2. 投资。通过参与像费城的"阿姨叔叔圈"这样的小额贷款组织，以切实可行的方式帮助你所关心的企业。在 Kiva① 平台上，你可以向世界各地的企业家提供小额贷款，可能包括你所在城镇的企业家。你可以在 Kiva 平台上寻找各个地方的小企业主，比如阿肯色州斯普林代尔的健身房老板或加利福尼亚州拉米拉达的鞋匠。

3. 当地购物，当地支付。当你在当地购物时，即便与在大型商店或其他全国连锁店消费金额相同，你花的钱也会更多地在当地流通。为了鼓励居民优先考虑当地商业，一些社区创造出了自己的货币。如果你的城镇有这种服务，可以考虑投资它。

4. 支持多样性。在你所在城镇找到支持有色人种发展经济的团体。例如，非营利组织"辛辛那提迫击炮"（Mortar Cincinnati）经营着一个创业学院，其中 87% 的参与者是有色人种，67% 是黑人女性。通过支持你所在社区原住民和有色人种拥有的企业，你可以帮助创造公平的财富。

5. 住在甜甜圈里。牛津大学环境变化研究所的高级助理凯特·雷沃思（Kate Raworth）把经济想象成一个甜甜圈：在圈里，规模太小的经济无法为每个人提供生活必需品；在圈外，不受控制的经济增长看起来蓬勃发展，却造成了环境污染。最

---

① Kiva 是一个美国线上贷款平台，为贷款者与借贷者提供连接。——编者注

佳状态是甜甜圈本身，健康的经济和健康的地球共存。可以观看她在 TED 上关于"甜甜圈经济"的演讲，以获得一些灵感。

6. **集体行动**。城镇中的大多数问题不是由英勇的独行侠解决的，而是由一群有担当的公民共同解决的。找到你所在地那些旨在让当地变得更好的组织，加入其中之一，或邀请朋友与你一起创建自己的组织。

地点调研：佐治亚州托马斯顿市

人口：约 9 000

僵尸之恋：在亚特兰大、梅肯和哥伦布形成的三角形中，托马斯顿位于中心地带，距离每个地方都不到 90 分钟车程，这对可以利用佐治亚州交通补贴的电视外景侦察员很有吸引力，何况《行尸走肉》的场景就是在托马斯顿的斯普雷维尔布拉夫公园拍摄的。

值得一游：岩石农场，由福乐鸡（Chick-fil-A）的所有者特鲁塔·凯茜（Truett Cathy）创建，是一个由养牛场改造而成的复古农业旅游景点。人们可以到这里来参加"全国南瓜毁灭日"：南瓜被巨型卡车碾碎，从大炮中发射出去，或者从 15 米的叉车上掉下来。

转折点：2000 年纺织厂关闭时，该市失去了 5 000 个工作岗位。18 年后，当地电力合作社赞助了一项名为"社区之魂"的计划。志愿者走访社区，分发调查问卷，请居民分享他们希望在城里看到的东西，以及他们目前喜欢托马斯顿哪一点。他们甚至拖着一块黑板参加社区节日，这样人们就可以用粉笔在上面写下自己的答案：

学校、友好的居民、家庭氛围。

多样化的数据：为了确保他们收集的想法真正代表社区的多样性，志愿者在调查社区时收集了人口统计数据。由于托马斯顿有43%的非裔美国人，他们力求从黑人社区获得43%的反馈。在托马斯顿一年一度的解放庆典——美国最古老的庆典之一上，志愿者与黑人居民坐在一起，记录他们对庆典和小镇的回忆。"从他们的故事中，我们可以了解需要做的事情或者是每个人都重视的事情。""社区之魂"志愿者珍妮·罗宾斯（Jenny Robbins）这样说。

待办事项：最后，近7 000名居民就如何让托马斯顿变得更好提出了自己的建议，总结并形成了20项行动计划，从"开一家福乐鸡"到"在市中心开办农贸市场"。在数据收集完成几周后，疫情就爆发了，但这并没有阻挡托马斯顿前进的势头。2020年夏天，一个农贸市场在一个养牛场开业了。现在也有了一家福乐鸡。

立即行动：该计划让人们感觉被赋予了权力，所以当垃圾堆积时，居民们会自己组织起来清理垃圾，而不是等待政府解决问题。在几个星期内，他们就打包了1 600千克垃圾。

正在进行的工作：接下来的议程是铺设一条20多千米长的步行和自行车道，用以连接市政中心、学校、公园和斯普雷维尔布拉夫公园。这将耗资数百万美元，但"社区之魂"得到的反馈是：人们非常需要它。

扎根：艺术家法恩·德罗西亚（Fawne DeRosia）说："我总是想，如果没有其他人愿意这样做，那为什么我不试试呢？"所以她在结婚后搬到了托马斯顿，加入了当地的艺术委员会，组织了复活节彩蛋狩猎和圣诞灯游行，并开设了自己的零售店与艺术工作室。她在托马斯顿生活了 20 年，这比她在其他任何地方生活过的时间都长。因为她参与了所有的事情，所以每个人都认识她。"前几天我去了邓肯甜甜圈店，他们说，'嘿，法恩小姐，最近好吗？'这里有一个我无法在其他地方找到的社区，也许其他人认为这样的社区是理所当然存在的，而我不这样认为。"

现在你可以：

- 为社区做力所能及的贡献；
- 主动参与社区的活动；
- 在当地购物、投资当地人；
- 对社区中不同文化持宽容态度。

第 12 章

不必朝九晚五，
还有诗和远方

IF YOU

COULD LIVE

ANYWHERE

你是否：

- 没有把工作机会作为选址的首要策略？
- 有工作之外的乐趣和追求？
- 不甘心因为工作放弃自己理想的生活？
- 相信存在一个地方可以让自己过上更好的生活？

第 12 章　不必朝九晚五，还有诗和远方

作为数字游民选择一个新的地方，这表示你在追求自己想要的生活，在成为自己想成为的那种人。对于埃米·布沙茨（Amy Bushatz）来说，搬到阿拉斯加州是她在追求自己想要的户外生活，同时这也是一场豪赌。

首先，埃米不是一个喜欢户外活动的人。在 2009 年，她的丈夫卢克在阿富汗服役期间遭受了颅脑损伤，于是他离开了军队。埃米是一个网页编辑，她可以远程工作，于是他们成了数字游民。

这么多年来，埃米和卢克头一次深入讨论他们想去的地方。回到埃米的家乡，加利福尼亚州的圣克鲁斯？或者回到西雅图，那个他们很喜欢的地方？作为退役礼，军方将免费为他们搬家到美国的任何地方。他们觉得有必要把这点福利算上。"不过那真是让人头疼。"埃米回忆道。

埃米的丈夫在受伤后一直努力恢复记忆和重塑组织协调能力。有一天，他们参加肯塔基州的一次家庭露营旅行，埃米注意到，在大自然中，她丈夫几个月来头一次放松了。"这就像是看着有人卸下了一个大包袱一样，"她说，"我当时想，好吧，无论我们在做什么，我们都需要再尝试一下。"

因此寻找一个方便做户外活动的地方成为当务之急。当卢克决定要攻读

户外与环境教育硕士学位时,他们来到了阿拉斯加州的帕默。

埃米和卢克之前都没有去过那里。他们心中总将这个州与萨拉·佩林(Sarah Palin)在2012年竞选副总统联系在一起。如果要说些关于阿拉斯加州的事情,老实说,浮现在他们脑海中的印象就是它的荒凉和偏远,它是边境中的边境,人少,不堵车,还可以提供他们一直考虑的以户外为中心的生活方式。2016年,他们利用FaceTime看房并购买了帕默的房子。他们非常大胆地把所有的筹码都下注在"户外会治愈我们"这个信念上了。

治愈并不是自动发生的。在搬到这里的第一个阵亡将士纪念日,埃米带着一本《哈利·波特》坐在她的院子里,打算度过一个如画的夏日时光。然而冷雨把她赶回了室内。

那一刻埃米不得不面对现实。他们挑选的这个州,夏季短暂,同时天气难以预测。"埃米,现实就是这样,"她告诉自己,不要期望天气好转,"所以要么留下来,要么离开。"

从那时起,无论天气多么糟糕,埃米都会挑战自己,每天至少到户外活动20分钟。她和她的孩子们,一个8岁,一个5岁,穿着她从REI[①]订购的防雨装备,到附近进行4千米的徒步旅行。他们的衣服会有点湿,但不会冻得发抖,徒步到山顶可以看到山脉环绕冰川的壮丽景色,这对于他们艰辛的付出来说绝对值得。"这些都是真实的景象吗?"埃米很吃惊,内心完全被震撼了。

在我们交谈的时候,埃米已经在阿拉斯加州坚持了1 200天,每天她都

---

① REI是美国的户外用品连锁零售机构。——编者注

至少花一点时间在户外。埃米实现了她到阿拉斯加州时做出的决定,这是她们最初决定搬到阿拉斯加州的原因。这个地方也帮助她实现了自己的转型,她参加远足、滑冰、滑雪、越野跑。她还加入了一个周一夜间跑步小组,该小组整个冬天都在一起跑步,即使是狂风在脸上肆意喷沙子的夜晚,他们都没有停下。

这一切都不是因为埃米搬到了更户外的地方就自然而然地发生了。实际上热爱户外运动需要养成日常的行为习惯,就像想要精神觉醒的人可能需要养成阅读经典的习惯一样。埃米说:"我需要决定这是不是我要做的,然后我就要真正去做。"

户外生活对埃米的影响非常大,甚至慢慢渗透进她的职业生涯中。在她帕默的家的储藏室里,她录制了一个名为"户外人"的播客,播客内容是她调研的其他人对大自然的探索,她还在写一本关于这些内容的书。当她和丈夫选择他们的居住地点时,她从未预料到这种改变。

快乐与满足,工作之外的东西

所有曾与我谈论过他们的地理决定的数字游民,几乎没有人会说:"我搬到这个小镇的唯一原因是这里有很好的工作机会。"这很能说明问题,当你是远程工作者、自由职业者、创业者或退休人员时,丰厚的工作机会不再是最重要的。是的,你应该找到一个可以助力你工作的地方,但我不认为工作应该在你的选址策略列表中名列第一。

大多数数字游民都是这样想的。作为一个数字游民,你知道工作很重要，但你更想找到一个地方，能够激发你工作之外的兴趣，让你过上满意的生活。抛开那种以你投入了多少小时、生产力如何、发了多少货这些衡量生活价值的想法。

另一方面，成为数字游民使得你重新评估工作在你的生活中扮演什么角色。这是你最重要的事情吗？还有什么对你的幸福更重要，或者更重要的应该是什么？你能在工作的同时，考虑工作之外的生活吗？

情况不一定非此即彼。在皮尤研究中心（Pew Research Center）的一项调查中，95%的青少年将成年后"拥有一份他们喜欢的工作或职业"描述为"极其重要或非常重要"，这比帮助有需要的人或结婚更重要。对于大多数成年人来说，工作是除了睡觉以外占用生活中最多时间的事情。人们总希望喜欢自己的工作。

但是，当你离开工作场所时，就像所有数字游民做的那样，工作场所就像"后视镜"中的画面开始逐渐缩小，空间留给了生活和选址策略中的其他优先项、价值观和满足感。

你定居的地方可以让你工作得更好、更有效率、得到更多回报。它还可以最大限度地提升你与工作无关的乐趣，精心挑选的城市表现了你希望成为的样子。 正如作家惠特尼·约翰逊（Whitney Johnson）所说："当我们有意识地选择去哪里、我们周边会发生什么时，这会强烈地提醒我们，我们是谁，我们想要成为什么样的人，我们该如何做。"

一些数字游民想要更多的户外活动，如埃米·布沙茨。有些人希望与土地建立更密切的联系，如赫布顿一家和他们的鸡。

数字游民克里斯汀·施密特（Christine Schmidt）在华盛顿特区的一个

非营利组织工作，在疫情期间她过上了漫游者风格的生活，在地理上和情感上她与家人和朋友更亲近了，包括她曾经是异地恋的男友。"这让我有机会和我爱的人在一起，"她说，"回顾 2020 年，我觉得这是我最快乐的一年。与我在大城市的经历相比，我笑得更多了，体验了各种新奇的冒险。"她意识到，对她来说地方最重要的价值不是各种新奇的活动，而是家人和朋友。

对于保罗·利佩（Paul Liepe）来说，最重要的是古迹保护。拥有在家可以做的工作使他成为数字游民，当他和他的妻子决定搬家时，他们在选址策略中优先考虑实用性，例如低生活成本、温和的气候以及有大型杂货店。真正让他们做出决定的是弗吉尼亚州丹维尔随处可见的、保存完好的历史遗迹，而且它们显然对当地居民很重要。现在，作为历史社区小组的执行董事，保罗将他的生活重心和热情都投入到了拯救濒危建筑上。

安德鲁·菲利普斯（Andrew Phillips）说服他工作的科技公司让他从华盛顿特区搬到明尼苏达州，因为他曾经在工作时访问了莱克维尔酿酒公司。"我能清楚地记得那一刻，"他说，"那是我以前从未见过的可爱的市中心区。孩子们在这个啤酒厂的后院里玩耍，还有一个人在演奏音乐。那种感觉是，人们都很开心。"他突然觉得，在那里也许他也能够很快乐。事实证明，幸福是他重要的地方价值，他不在乎他的雇主是否会解雇他，他打算搬到明尼苏达州并实现幸福。

结束无休止的竞争

相信一个地方可以让我们过上更充实的生活不只是一厢情愿的想法。2020 年，盖洛普对 145 个国家或地区的受访者进行了调研，询问有关他们出现积极或消极情绪体验的频率的问题。盖洛普会问：你昨天休息得好吗？你感觉受到尊重吗？你经常微笑或者大笑吗？你有没有学习或做过一些有趣的事情？在一天中，你是否经历过担心、愤怒、压力、悲伤或身体疼痛？你感到愉快吗？

　　研究发现，**幸福与地理有关**。在全球范围内，某些国家的居民似乎拥有，或者至少承认更快乐的经历。不过情况可能不同于想象：巴拿马得分最高，在积极体验量表中获得 85 分（满分为 100 分），接下来是萨尔瓦多、危地马拉、巴拉圭、哥伦比亚、印度尼西亚、墨西哥、尼加拉瓜、中国、哥斯达黎加、丹麦和洪都拉斯，它们的得分都在 80 分左右。

　　正如盖洛普的研究指出的那样："这些分数与人们对其生活水平、个人自由和社交网络的看法密切相关。"分数也可能反映了不同文化对幸福的不同理解，有些文化认为吃喝玩乐是幸福，有些文化则认为没有抱怨就是幸福。总的来说，在某些地方，人们似乎更容易满足。

　　与此同时，在美国，2019 年的调查中有 55% 的受访者表示感受到压力，比全球平均水平高出 20%，担忧程度也高于平均水平。

　　这就是美国人的现状吗？我们是同一种文化的继承者，在这种文化中优先事项发生了偏差，以至于我们的压力大于快乐，担心多于休息。作家凯蒂·霍金斯－加尔（Katie Hawkins-Gaar）认为"内化资本主义"可以解释这种现象，即"我对大多数事情的答案是工作。如果感到焦虑，我用工作来分散自己的注意力。如果感到快乐，这是工作的好时机！如果感到伤心，是因为我没有做足够多的工作"。

　　转向远程、独立或灵活的工作有助于将我们从朝九晚五的模式中解脱出来。不过老实说，朝九晚五对我们大多数人来说已经是一种解脱。伯明翰大学的一项研究发现，更高水平的自主性会带来更高水平的工作满意度和幸福感。当我们能够掌握自己生活的主导权时，我们会感到更快乐。也许这就是为什么这么多员工都在呼吁能够根据自己的时间表来调整工作时间，比如离开工作几个小时参加孩子的班级比赛；减少工作量或转为兼职；减少出差，每月不超过 4 天在路上；不受地点限制。

根据 2018 年的一项调查，96% 的白领希望在工作时有更多的灵活性，他们认为这样就有时间顾及所有可能被遗忘的小事情，比如孩子、年迈的父母以及与医生的预约。根据妇女政策研究所（Institute for Women's Policy Research）的数据，对于女性来说，工作灵活性的优势尤其突出。当女性不必在工作和照顾家人之间做出选择时，她们更容易突破职场天花板。良好的儿童保育和产假政策也有很大帮助。

事实上，39% 的千禧一代表示他们工作太多以致没有足够的锻炼或良好的饮食，他们猜测增加灵活性可能会让他们更健康、更快乐，同时更有效率，也更有可能留在他们的公司，并且对他们的工作更加满意。近 3/4 的千禧一代和 66% 的 X 世代曾因为缺少灵活性考虑过辞职。

美中不足的是，当你可以随时随地工作，工作有时会渗入生活中的每时每刻。按时接孩子放学换来的结果可能是晚上 11 点在床上查看工作电子邮件。根据一些研究，我们有一半人会这样做。当一个人的工作和家庭之间没有传统的界限时，工作时间和家庭时间可能变得无法分割。

但是，**如果你的生活在工作之外，你就不太可能被自己的工作所消耗。合理的安排可以让你彻底摆脱连轴转的生活。**

我身安处是职场
IF YOU COULD LIVE ANYWHERE

自由设计师兼作家保罗·贾维斯（Paul Jarvis）曾与耐克、微软和梅赛德斯-奔驰等公司合作。他和妻子住在加拿大一个岛上的森林中，他的著作《一人企业》（Company of One）中提到，他们有意摆脱激烈的竞争。他们住在与世隔绝的地方，不稳定的网络连接等每天都在提醒他，什么才是他关心或期望的事情：人、自然，在天气良好的情况下拿出他的冲浪板。他并不总是那么有禅意或那么愿意住在农村，但他后来意识到："很多时候，我们以为我们想要的生活和我们真正想要的生活是非常不同的。"

或许你一直都知道自己想要什么，但是直到你成为数字游民，你才能更好地实现它。例如我的朋友希瑟，她是一个非营利组织的董事，该非营利组织在世界各地开展公共卫生计划。她的很多工作都在非洲，为抗击艾滋病的项目提供建议。自从她大学毕业后成为一名志愿者，她已经累计在海外生活了10年。

在疫情来袭时，她搬到了犹他州与她妈妈住在一起。这趟回家之旅让她幻想可以一直这样生活。"这简直太美好了。"她想。然后她又客观地思考："我在这里可以做什么？在犹他州的国际公共卫生机构工作吗？"

不过希瑟的工作可以远程完成，于是她成了数字游民。因为她的老板处在东部时区，而且她整天都要和非洲的同事发电子邮件，所以她起得特别早。但是到了下午2点或3点，电子邮件逐渐减少，下午剩下的时间她可以滑雪、骑自行车或徒步旅行，同时丝毫不感到焦虑。"我不是工作狂，"希瑟直言不讳地解释道，"我从来都不是。"

在华盛顿特区办公室工作时，希瑟有一种无形的压力，"需要固定时间坐在办公桌椅子前"。当地积极向上的工作氛围体现在所有人都需要在工作时间出现在办公室，即使你压根不需要在那里做你的工作。那时希瑟很少提前下班。现在她在地理上远离了那个权力中心，在远程工作的情况下，她可以灵活地安排自己的时间，这改变了她管理时间的方式，使她可以优先安排更重要的事情。

是的，她依然在工作。但希瑟在 40 多岁的时候第一次参加了滑雪课程。远程工作者报告说他们每年有 105 小时的额外休闲时间，仅仅因为这个，希瑟就无意搬回华盛顿特区。

"如果你真正喜欢做的是滑雪，为什么要等到你的臀部老到无法承受狠狠的一摔，才搬到科罗拉多州？"杰森·弗里德和戴维·海涅迈尔·汉森在他们的书《远距离办公》中写到。"如果你喜欢冲浪，为什么你仍然被困在水泥丛林中而不住在海滩附近？现在新的奢侈品是摆脱限制生活的束缚，在你还在工作的同时，立刻追随你的激情。浪费时间做白日梦，期望着完全退休后的生活有多么精彩，这有什么意义？"

正确的地方提醒着我们，我们是谁以及我们最喜欢什么。

治愈的地方

我们的地点选择对我们的幸福感影响如此之大，以至于会表现在我们的身体上。

在古代，人们相信某些地方具有治疗功效，如英国巴斯的罗马浴场或希腊埃皮扎夫罗斯的阿斯克勒皮翁庇护所。来自希腊全国各地的病人都来阿斯克勒皮翁庇护所接受治疗，希望能创造奇迹。阿斯克勒皮翁庇护所在记录中有 70 次医学奇迹发生，这个供奉希腊治愈之神阿斯克勒皮翁的地方设有一座寺庙、一个健身房和多间浴室。

现代研究发现"奇迹"并没有那么神秘，因为住在海边会让人平静下来，适合步行的街区让人减少忧虑，绿色空间能够让人振奋。

在一项研究中，澳大利亚墨尔本的成年精神病患者提出了给他们带来平静、欢乐、希望和连接的"治愈场所"：花园、书店、教堂和当地的旧货店（"我的内啡肽在这里飙升"）。一名男子发现，待在墓地会激发他对生的渴望："活着真好。"

其实并没有什么神奇的，地点对于自己和幸福意味着什么是由自己决定的。正如研究人员解释的那样：**"治愈的地方是在被发现的同时被创造或培育出来的。"**

一个治愈的地方改变了丽娅·塔肯的生活。在她一生的大部分时间里，她都在与各种精神疾病作斗争，包括双相情感障碍Ⅰ型、多动症和饮食失调。尽管接受了治疗，但她的病情越来越严重，最终没办法继续她在旅游业的工作。

当她丈夫的生意开始走下坡路时，这对夫妇卖掉了他们在奥克兰的两居室，每人装了三个行李箱，搬进了墨西哥圣米格尔德阿连德的一套出租屋，丽娅形容这座城市温暖、灿烂、明亮。

这座城市同时也很实惠。在圣米格尔德阿连德，他们每月支付1 200美元租下一套280平方米的房子，包括水电费、五个露台和一名女佣，生活质量很高。他们没有汽车，因为他们可以步行到任何地方，从杂货店到国际室内音乐节。她说他们在那里两个月时间交的朋友比在美国20年交的还多。

这种更简单、更愉快的生活带来的好处是，丽娅的精神问题得到了缓解。她将这归功于新地点，并说它"就像药物一样具有医疗价值"。

1979 年，以色列社会学家阿龙·安东诺夫斯基（Aaron Antonovsky）创造了 salutogenesis 一词，用来描述一种专注于增强幸福感而不仅仅是治疗疾病的方法。当你具有心理一致感，即相信自己的生活是可理解的、结构化的、可预测的、可解释的、可管理的时候，你就是健康的。这意味着你的绝大部分境遇都在你自己的控制范围内，并且你拥有满足生活需求的资源。你会以更关注结果的方式相信你的生活有意义，或充满兴趣和善意。

安东诺夫斯基意识到很多方面都有可能影响一个人的心理一致感，包括一个人的直接生活环境。在圣米格尔德阿连德，丽娅的生活似乎更有意义。生活在一个感觉"可以理解、易于管理和有意义"的小镇上，她在湾区日常面临的一些触发因素和压力源消失了。丽娅的精神疾病仍然没有根治，但她感觉好多了，她感到更快乐。"在这里，我可以成为最好的自己。"丽娅说。

你选择的地方，决定了你会成为什么样的人

作为数字游民，制定选址策略就是在决定让什么样的价值观影响你的生活。你已经在第 2 章中完成了一个练习来明确你的地方价值观，但你还需考虑自己的价值观如何在一个地方得以体现。例如，如果你重视成功，你可能会搬到一个拥有大量社交机会的高能量城市，或者一个不会有太多注意力干扰的小镇。

如果你重视自然，你可能会搬到一个有很多土地可以养鸡的农场，或者

我身安处是职场
IF YOU COULD LIVE ANYWHERE

某个你已经在那里过了 20 个冬天的滑雪胜地。

如果你重视家庭,你可能会回到你的家乡,或者找到一个生活成本低的小镇,那里的开销较低,可以减少工作时间,有更多时间陪伴成长中的孩子。

问问你自己下面的问题:

- 我生命中什么最重要?

- 我想如何度过我的人生?

- 我喜欢什么?

- 是什么让我感觉完整和快乐?

- 是什么让我觉得自己很有价值?

- 我到底需要多少钱?

- 我希望工作占据我生活的多大比例,其余时候可以让我追求其他东西?

弄清自己的价值观后,达维达·莱德利(Davida Lederle)和她的丈夫柯特作出了一个艰难的决定,离开旧金山,一个他们热爱并生活了 10 年的城市,一个有家人的地方。

旧金山的生活越来越难以负担。在疫情期间,情况变得更加严峻,随着房价不断上涨,达维达和柯特考虑组建家庭。他们都是数字游民,达维达运营着一个网站，而柯特是一名独立的软件工程师，所以当他们的房东卖掉他们正在租住的房子时，他们打包行李，驱车前往柯特妈妈居住的明尼阿波利斯。

最初的计划只是暂时在那里停留并做下一步的打算，但在明尼阿波利斯，"就好像如释重负。"达维达说。柯特的老朋友十分热情，告诉他们最喜欢的咖啡馆和最好的外卖餐厅。尽管因为疫情无法聚会，"但是感受到了人们的关心。突然之间，我们觉得也许这就是我们想要的地方"。

这段经历让达维达意识到她的地方价值观是社区。在明尼阿波利斯仅仅过了几周，她就感受到了比在加利福尼亚州待了10年更强烈的社区认同。在加利福尼亚州，人们总是在忙着寻找更好的机会，以至于与朋友见面的计划常常无法实现。在明尼阿波利斯，"我们可以花6个小时坐在沙发上和朋友一起喝酒、吃饭或看电影"。这是她以前没有意识到的事情，她渴望这种轻松的社交生活。

达维达说他们的地方价值观随着时间的推移发生了改变。旧金山非常适合20多岁和30多岁的年轻人，曾经他们和这座城市的其他人一样忙碌和雄心勃勃，但随着她和柯特进入新的人生阶段，他们更加关注家庭，明尼阿波利斯就更符合他们当下的地方价值观。

"搬到这里，这是我生命中的第一次，我真正感受到了平静，"达维达说，"也许是因为我们过去非常艰难，以确保在某些地方可以生活下去，现在似乎感觉没那么难了，这种感觉真好。"

地方不会因为你搬到那里而改变你，但深思熟虑选择一个地方的过程，可以表明你想要的生活——表明你是谁、你看重什么以及你想要过什么样的生活。

你选择的城镇表明你想成为哪种人,它每天都在提醒你自己的选择。它不会从根本上改变你,但它可以推动你在自己选择的道路上走得更远。

> **生活品质**
>
> 根据奈特基金会(Knight Foundation)的一项研究,出于生活品质的考虑而搬到他们所在地区的人,比因其他原因搬家的人对地点的依恋感更强。这样的人大约占美国人口的30%。
>
> 当地的哪些生活质量因素吸引了他们?首先是安全、健康、就业和住房。当探寻者和定居者可以在安全的地点生活和工作时,高质量的医疗保健,负担得起的、建造良好的住房,以及当地的工作机会,会让他们对社区更满意。其次是下面这些因素,它们也被证明是很重要的。
>
> - 休闲娱乐设施,如公园、游乐场、散步步道、海滩和湖泊。
> - 家庭设施,如图书馆、动物园、社区中心、青年营和体育联盟。
> - 好学校,从幼儿园到大学。
> - 便利交通,包括公共交通。
> - 充满活力的艺术和文化,如剧院、博物馆、工艺品市场、音乐会和课程。
> - 大量的餐厅和俱乐部,可以享受购物、餐饮和娱乐。

第12章 不必朝九晚五，还有诗和远方

> **选址策略：幸福**

优先考虑快乐程度、生活质量、人际关系和闲暇时长，意识到工作只是幸福生活的一小部分。大多数数字游民寻找那种可以让他们把非工作价值观放在核心位置的地方，当你考虑住在哪里时，有几种方式可以做到这一点。

1. 了解你自己。 有时候我们作出选址决策的时候雄心勃勃。就像埃米搬到阿拉斯加州时一样，我们可能会寻找的城镇代表着未来理想化的自己（艺术、文雅），而不是当下的自己。如果你愿意像埃米一样，努力成为你希望成为的那个人，那也没关系。不过，为了避免将来后悔，更好的策略可能是关注你当前的需求，而不是你想成为的那个自己。

2. 不要把一切都货币化。 地理位置可以助力你取得事业上的成功，但它们也应该同时提升你的其他方面，比如花时间交际、体验大自然或提升你的技能。你不必将生活中的一切都货币化。

3. 考虑家庭。 离你的家人更近，不要频繁搬家。一些数字游民非常开心地定居在他们长大的社区或他们的家人居住的社区。其他人则认为，坐飞机很快能到达亲人那里是最幸福的事情。你希望你的父母和兄弟姐妹在你和孩子的生活中扮演什么角色？你们会频繁搬家吗？多陪陪他们会怎样影响你的家庭？5年、10年、20年后，你和你的孩子对此有何感受？

4. 选择一个 15 分钟的城市。 2020 年，巴黎市长安妮·伊达尔戈（Anne Hidalgo）宣布了一项计划，将巴黎变成一个 15 分钟城市，让所有居民都能步行、骑自行车或乘坐公共交通工具，在距离家 15 分钟的范围内满足他们的基本生活需求。这是一座"邻近型城市"，旨在减少碳排放，并将巴黎打造为一个拥有花园、自行车道和强大社区的地方。尝试为自己选择一个 15 分钟城市（或社区），作为放慢生活节奏的一种方式。作为一个数字游民，减少日常通勤时间让你遥遥领先于其他人。现在看看你到达很重要的地方是否方便，比如超市、图书馆、日托、医院或者教堂。

5. 做出一个能给你带来快乐的决定。 玛丽·豪威（Marie Howe）的一首诗里提到，当我们要做出重大决定时，比如搬到哪里去，我们应该选择"任何可以带来快乐的东西，多一点生活，少一点烦恼"。将更多的生活、更少的烦恼作为选址决策要素也不错。

地点调研：蒙大拿州大瀑布村

人口： 约 59 000

房屋成本中位数： 20.1 万美元

人们的娱乐活动： 在密苏里河 60 千米外的河边小径上骑自行车，去吉普森公园听音乐会，或者参加蒙大拿州职业牛仔竞技巡回赛。不要错过艺术博物馆和巨大的农贸市场。

第 12 章　不必朝九晚五，还有诗和远方

比纽约市的生活好在哪里：根据米莉·惠伦（Millie Whalen）的说法，压力水平下降了很多，她辞去了纽约市公设辩护人的工作，接管了一家有 1.7 万卷书的"仙后座书店"。

搬家原因：米莉曾多次拜访住在大瀑布村的朋友。2019 年，朋友给她发了一条短信："你喜欢的书店正在转手。""仙后座书店"是一家可爱的商店，米莉在那里买了很多平装书，并且搭飞机把它们带回家。虽然她对经营书店一窍不通，但机会不容错过。"我真的只是在想，生命太短暂了。"米莉说。61 岁时，她搞清楚了财务状况，去大瀑布村做了一次考察，之后卖掉了她在布鲁克林的公寓，准备放手一搏。

像生活在陈词滥调的电影中：当米莉告诉她做公司的兄弟她的计划时，他说："这是我听过的最陈词滥调的事情。"

生活成本：大瀑布村的生活成本大约比布鲁克林低 55%。因为价格很便宜，所以米莉的财务顾问同意她投资书店的疯狂决定，并做好了投入 3 年的准备。

有利于商业发展："人们真的很愿意社区里拥有一家独立书店。"米莉说。尽管书店因为疫情关闭并更换了店面，但当仙后座书店重新开张时，居民仍竞相购买。米莉在接管这家书店之前来到了大瀑布村商业发展局，他们为她提供了各种支持，以及各种研讨会和课程，包括如何制定商业计划、设定目标、提高盈利和开网店。尽管米莉以前从未创办过公司，但这些都让她更坚信自己会成功。

为什么大瀑布村非常令人满意：它很美，距离冰川和美国黄石国家

我身安处是职场
IF YOU COULD LIVE ANYWHERE

公园只有几个小时的路程。它小而安静,米莉可以尽情呼吸。"从我这里能看到密苏里河,还能看到远处的落基山脉,"她说,"而且真的很平静安详。我听不到警笛声,晚上抬头可以看到星星。"

现在你可以：

- ✅ 转向远程、独立或灵活的工作；
- ✅ 成为数字游民，更了解自己是谁、想要什么；
- ✅ 找到更符合自己价值观的地方；
- ✅ 做出一个让自己快乐的决定。

结 语

行动吧！不要等到 65 岁才过上想要的生活

IF YOU

COULD LIVE

ANYWHERE

结 语　　行动吧！不要等到 65 岁才过上想要的生活

你有很多方法可以成为数字游民。

● 请现在的雇主允许你远程办公。

● 在一家可以远程办公的公司寻找一份新工作。

● 从事自由职业。

● 开始以在线或其他远程方式可随时随地进行的业务。

● 在自己喜欢的社区开展业务。

● 选择一个你喜欢的地方并在那里找到一份新工作。

● 退休。

● 尝试休假或间隔年（gap year）来体验数字游民的生活。

● 在一个对你有吸引力的城市尝试几个月的慢旅行。

一旦决定了想住的地方，就动身前往。为什么要等到 65 岁才能过上你

我身安处是职场
IF YOU COULD LIVE ANYWHERE

想要的生活？现在就去更适合你的地方。辞掉工作，收拾行装，然后离开。这就是蕾韦卡·威廉姆斯（Rebecca Williams）的做法，她辞去了在利物浦一所大学的工作，搬到了爱尔兰的翡翠海岸，过去很多年她都在那里度假。

爱尔兰是整个欧洲乡村人口最多的国家之一，42%的爱尔兰人居住在偏远的小社区，其中数百个偏远的小社区的人口不到2 500。位于梅奥郡的路易斯堡只有420人，有两家咖啡馆、一个市场和几家酒吧。但这是一个美丽的海岸小村庄，是冲浪者和骑行者的胜地。蕾韦卡搬到了这里，几乎没人相信她做了如此疯狂的事情。

蕾韦卡刚到那里时没有工作。她曾经短暂地担任过行政工作，但那并不是她想要的。有些人建议她通勤两个小时到戈尔韦，在那里她可以找一份好工作。但她是有一个女儿的单亲妈妈，她感觉这样做不太可行。

有一天，她的办公室经理说："你有没有想过远程工作？"

蕾韦卡回答说："这不在我的考虑范围。"

蕾韦卡认为远程工作者都是到处出差的销售人员或软件开发人员，而不是拥有职业心理学硕士学位的女性。后来她听说了一个名为"远程爱尔兰"的组织，该组织的路易斯堡分会正在举办关于远程工作的会议。蕾韦卡拿到了一份全分布式公司的名单，这些公司在整个爱尔兰雇用员工，甚至在路易斯堡这样的偏远地区。

名单上的企业，除了Gitlab、Buffer、Hubspot和Shopify，还有Wordpress的母公司Automatic。蕾韦卡从来没有听说过Automatic公司，但她经过一些研究后申请了它，在从"远程爱尔兰"得到一些建议后她又申请了一次。6

个月后，她已经在 Automatic 的人力资源部门工作了。那之后，她边度假边工作。

这就是人们成为数字游民的方式。

或者说这只是一种方式，还有很多其他的方式。你可以像凯特·斯莱特（Kat Slater）一样，她是伦敦人，负责"远程路易斯堡"，她邀请蕾韦卡参加她在书店经营的共享办公空间的远程工作会议。凯特作为一名自由职业者从事行为改变研究，这让她成为一名数字游民，这样她就可以搬到爱尔兰西海岸，而她的伴侣，一名科学家，在附近的学校获得了博士学位。

或者你可以像自由职业者、社交媒体运营罗丝·巴雷特（Rose Barrett）那样，她的朋友特蕾西·基奥（Tracy Keogh）告诉她："没有人做爱尔兰远程工作者的服务，我们的乡村社区大有潜力，让我们做点什么吧。"于是她们一起发起了"远程爱尔兰"计划，该计划最初旨在连接爱尔兰乡村地区的远程工作者，让更多未充分就业的乡村工作者从事不受地点限制的工作。她们的广告词是："在当地进行远程工作。"

远程小组提供多样的课程，如犹他州的"远程在线计划"，以帮助乡村居民准备和申请远程工作，全国还有 70 个地方分会为远程工作者提供帮助，这是人们抱团取暖的方式，大家可能面临同样的挑战，比如网速很慢或需要管理千里之外的团队。

有些时候，分会会启动它们自己的当地人才吸引计划。爱尔兰约有 30% 的人口挤在 4 个最大的城市——都柏林、科克、利默里克和戈尔韦。这些社区分会问大家："如果你可以住在任何地方，为什么不住在这里？"小社区开始推销自己，试图说服潜在的远程工作者重新考虑他们的生活选择。

比如，丁格尔镇是一个人口数字略高于 2 000 的地方，他们提供了所谓的"小镇品鉴"。他们邀请可能的探寻者周末过来参观，在当地的共享办公空间领取免费的共享办公桌，然后在当地的酒吧参加冷餐会交流。

其他小地方也纷纷效仿。在瓦伦西亚有一个 25.6 平方千米的岛屿，居民不到 700 人，就有两个曾经参加小镇品鉴活动的家庭，最终搬到了那里并打算一直在那里生活。

多尼戈尔海岸附近有一个小岛叫阿兰莫尔，几年前，居民们意识到，如果他们不能快速增加人口，当地的岛上学校就会关闭。他们迫切需要吸引新人搬到那里，或吸引以前的居民返回。在一个拥有 400 多人的岛上，实现这一目标的最佳方式是倡导远程工作。

因此，小岛的领导人与电信公司"三个爱尔兰"（Three Ireland）合作，该公司不仅为阿兰莫尔连接了千兆字节的高速互联网，并资助建立了一个共享办公空间，同时还发起了一场宣传活动。在一个宣传广告中，在海浪拍打崎岖岩石的镜头中，岛民们谈论着他们对阿兰莫尔的热爱，以及他们渴望再次听到孩子们的声音，还有一位外籍人士谈起他在岛上经营的教育游戏公司。

自 2019 年春季推出这些宣传广告以来，阿兰莫尔的人口增加了 10%。将近 40 人搬到了那里，或者出乎意料地留了下来。在访问阿兰莫尔时，"远程爱尔兰"项目的创始人特蕾西·基奥与当地一位 20 岁出头的年轻人聊天。年轻人想留在岛上，但他又想去伦敦找一份工作。特蕾西在她的人际网络中帮助这位年轻人寻找工作，几周内，他得到了 8 个远程工作的面试机会，这些工作可以让他继续留在阿兰莫尔。

尽管"远程爱尔兰"背后的推动力是帮助远程工作者减少孤独感，但罗丝和特蕾西看到了这为社区带来的附加收益。数字游民通常比爱尔兰小村庄的人收入更高，城镇的经济状况因此转好。远程工作者觉得自己在经济上更有保障并且拥有更多的时间，所以他们会对自己居住的地方加大投入。

罗丝认为，其他可持续和可行的农村社区发展方法，如倡导创业精神或提高基本收入覆盖率，也会有所帮助。但数字游民的工作在各个层面上都能帮助社区实现可持续发展。"我们希望人们能够灵活地选择去他们想去的地方生活，我们也希望看到社区更强大。"四海为家主义同时满足这两项。

在"远程爱尔兰"的建议下，爱尔兰已开始采用全国性的远程工作战略。"远程爱尔兰"的社区经理也住在了她中意的地方，恰好在戈尔韦附近。

越来越多的数字游民陆续涌入。有时候他们会留下来，而有超过40%的美国人选择不留在当地，他们会去一个新的地方。这就是成为数字游民的美妙之处。一旦你拥有了选择的自由，你就可以决定如何使用它。你想成为一个漫游者，从一个地方到另一个地方走马观花，还是想成为一个定居者，选择留下来，抑或想成为一个探寻者，制定一个选址策略，寻找重新开始的机会，之后搬迁到一个符合自己价值观的社区？

现在，什么是最重要的

无论你采用何种方式，**明确你的工作与你所在地之间的关系是明智之举**。即使你不需要每天都在办公室度过，你也希望获得事业上的成功和成长、一路上帮助你的同事和老板，以及让这一切变得值得的意义感。通过深思熟虑的规划，你也会在自己的地方找到支撑"职业、人员和目标"的生活方式。当你可以在任何地方工作时，正确的"任何地方"可以让你在工作中做得更好。

为了帮助你基于明智的地方价值观制定选址策略，这里还有一些需要考虑的问题。

- **认同**。这个地方是否提供搬到那里的激励措施？当地是否有吸引远程工作者的招聘活动？是否有欢迎你加入社区或帮助你与当地人建立连接的项目？有没有轻松快捷的方法可以联系当地经济发展部门或商会以获取建议？这个城镇是否明确表示他们希望你留在那里？

- **财富**。地理套利是否能让这个新的城市帮助到你？住房比你现在住的地方便宜吗？包括税收在内的其他费用会增加还是减少？还有其他国家可以在财务上为你提供更好的服务吗？搬家成本将如何影响你的财务状况？

- **机会**。这座城市会帮你变得雄心壮志还是畏畏缩缩？是否让你更加关注个人成长和成功？是否有创业生态能够激发更好的创意？你能想象将你的想法在这里落地吗？市场上有你可以填补的空缺吗？会有导师能够指导你吗？资金来源是什么？这里的社区会支持你吗？小企业主或远程工作者可以利用哪些资源？

- **连接**。城市里有共享办公空间吗？有社区聚会的场所吗？是否有人做和你相同或是相邻领域的工作？他们是否能够成为你的支撑网络？是否有社交机会或活动帮助你建立职业连接，例如作家团体？如果你对此感兴趣，是否有共同生活空间？你有在这个新地方结交朋友的计划吗？是否有融入社区的切入点，如俱乐部、职业或爱好相关的团体？

- **创造力**。这个地方会激发你的创造力吗？如果你从事创造性工作，当地是否有市场？是否有创作者社区？这个地方更重视艺术还是更重视成功？是否有导师或其他人可以支持你的工作？有为创作者提供的房屋吗？有展示作品的地方吗？有进行创造的地方吗？有艺术委员会提供资源和支持吗？

- **冒险**。这里有什么有趣的事情可做吗？你是否有机会在日常生活中体验新奇和刺激？搬到这个地方会让你感觉舒适还是刺激？你能想象利用你的工作灵活性来获得乐趣并消除乏味吗？你考虑过移居国外吗？是否有一个你考虑居住的国家提供数字游民签证？

- **学习**。在这个州或社区，每个学生的支出是多少？如果你需要转变职业，是否有提升技能或培训技能的资源？你的孩子有实习或工作机会吗？这里的学校是否为孩子提升职业技能做准备？这里是否有帮助你成为更熟练的远程工作者或找到远程工作的项目？有没有你孩子负担得起的好的公立大学？你愿意生活在具有适当驱动力的更大的工作生态系统中，以便增加你的工作机会吗？你会住在大学城吗？

- **目的**。你能在这里找到你希望产生影响的方法吗？这个地方需要你吗？参与其中会让你感觉舒适吗？你能以什么方式用你的工作技能为社区服务？你能预见当下或者未来你有哪些需求是你的社区可以提供支持的吗？你构想过如何构建这个社区吗？这个新社区是否足够多样化？你将通过哪些方式增加其多样性？你如何帮助你居住的地方创造更多的公平机会？这里有你想拯救或投资的事项吗？你在这里能够实现经济上的发展吗？其他人可以吗？

- **幸福**。这个地方将如何帮助你过上更好的生活？住在这里能够维持你工作的积极性吗？住在这里会让你更加清楚你是谁以及你想成为谁吗？你的地方价值观会在这里得以积极地体现吗？你会在这里找到快乐和前景吗？你在这里能得到充分的休息吗？你能在这里得到哪些积极的经验呢？你和家人离得近吗？便利设施方便吗？是否有理疗或者提升你幸福感的类似服务？你感觉这个地方治理得好吗？它能让你有机会做给你生命带来最大乐趣的事情吗？

将感性的顿悟变为脚踏实地的选择

到现在为止，你应该明确了解自己想要找寻的地方和生活了。你已经分析了自己的价值观并将其转化为选址策略。现在，要将你感性的顿悟转变为脚踏实地的决策。为了更系统地做出决策，你可以在纸上或在线创建一个 10×10 的电子表格。

在表格的顶部，写下你最看重的事项，也就是你离不开的地方特性，比如大城市、离机场近、一个创业社区、丰富的泰国美食。如果你在缩小范围时遇到困难，这里有一个提示：当你考虑到这些围绕生活的地方特性时，你会感到舒适、平静或满足；当你想到没有它们的生活时，你会感到有点不安。

接下来，在表格的 y 轴上添加 10 个候选地点，也就是你感兴趣的城市、你喜欢或听说过的城镇。如果你已经筛选了一些候选地点，那很好，但如果你从头开始，至少要写下 10 个地方。

然后开始在谷歌搜索信息，查看 Facebook，删除任何达不到要求的城市。确保所有考虑中的城镇都满足你的关键诉求。如果都满足了，请再深入挖掘并添加更多你关心的地方特性。继续搜集信息，直到你将列表缩小到你真正感兴趣的 4～5 个城市为止。

实地考察。至少亲自考察一次。如果你是一位寻求永久住所的探寻者，那么你可以亲自到现场感受一下。做一个游客，但也要表现得像一个居民。探索街区，乘坐公共交通工具，查找潜在问题，比如交通、各种费用，同时也看看是否会有让你兴奋的地方，比如市中心的一家很时尚的酒吧。

当你需要与伴侣达成一致时，选择地点的过程就会变得更加困难。地点决策坦率地说是具有启发意义的，你会发现伴侣想要的东西与选择的地理位置与你有很大不同，这可以测试双方关系的基础：我们为何在一起，但想要的东西却如此不同？

你们过去使用的在严肃的问题上达成共识的方法，在这个问题上也都可以尝试，包括心理疗法。首先要了解你对理想地点的坚定信念可能不会引起伴侣的共鸣。以相互理解为目标，然后考虑妥协以破解决策的僵局。

一种策略是你和伴侣创建各自的 10×10 的表格，填写各自的 10 个必备地方特性和 10 个城市的表格。你可能会发现完全不同的需求却让你们对同样的地方产生了兴趣。例如，你想创业，你的伴侣想徒步旅行，你们因此都对博尔德感兴趣。

如果你们还是没有达成一致，那就请各自退让一步，在索引卡上写下最想要的 10 项地方特性，比如在一张卡片上写上好学校，在另一张卡片上写上 40 分钟内到达机场，以此类推。同时用同样的方法写下你们绝对不想要的地方特性。按照对你们的重要性将它们放在桌子上排序，然后寻找你们重叠的部分。在哪些地方特性上你们可以达成一致？能够找出一个或多个对你们双方都重要的地方特性吗？是否允许对方有一到两票的否决权？

最坏的情况是你们同意各自选择不同的城市，然后每隔几周在两个城市中间的地方会面。或者你们轮流做决定：在接下来的 3 年中首先住在你的伴侣最喜欢的城市，之后轮到你选择自己喜欢的城市。

理想情况下不会发生上述情况，你们可以找到一个让双方都大体满意的地方。

你可能会犯错

现实是，没有完美的选择。刚成为数字游民时，你可能会陶醉于"地理权力"——天哪，我真的可以去世界上任何地方了！你可能会像经费作家[①]玛格丽特·范德格里夫（Margaret Vandergriff）一样，去做一些事……鲁莽的事。

首先玛格丽特卖掉了奥斯汀的房子，来到了得克萨斯州拉伯克附近一个长满风滚草的小镇居住。"很难描述它有多糟糕。"她说。之后她和她的自由作家丈夫瑞恩沿着 66 号公路旅行，并在途中爱上了艾奥瓦州的乡村，这个地方与得克萨斯州西部的情形截然相反，这让他们很着迷。于是他们萌生了一个念头：为什么不搬到这里来？"现在回头看，这些都很荒谬，"玛格丽特承认，"但当时，我们深深地被它吸引了——住在中西部的一个小镇似乎

---

① 经费作家（grant writer）由某些企业机构出于特定目的提供资金支持，创作特定主题的作品。——译者注

好浪漫呀。我们完全被它蒙蔽了双眼。"

玛格丽特和瑞恩那间透风的老农舍很便宜，而水电费、财产税和汽车登记费则非常昂贵。更糟糕的是，在邻居给他们带来饼干的短暂问候之后，他们几乎交不到朋友，似乎没有人希望他们在那里。也许当地人只是认为他们是老房子里的新人，是陆陆续续出现的新人中的几个，是那些想象能在艾奥瓦州的这个小镇改变命运的人之一。

回想起来，玛格丽特认识到，在他们萌生搬家念头的时候，并没有认真考虑是否真的该搬。他们认为可以先买房子，然后再设法解决其他问题。他们沉浸在可以做决定的魅力中，压根没做调查。

此后，玛格丽特开始认真制定选址策略。她和瑞恩进行了长时间的交谈，讨论什么对于他们来说是重要的，以及想象成为四海为家的空巢老人后生活是什么样的。是什么让他们开心？他们需要或想要什么？他们找到了自己的地方价值，并回顾了他们连续在两个小城镇中的那些不舒服的经历，最终决定了他们的优先事项。

一份地点偏好的表格慢慢成形了。他们想生活在一个具有自由主义倾向的小城市，他们需要的一切包括：农贸市场、纱线商店、艺术画廊、电影院。作为素食者，他们想要拥有更多好餐厅可选择。玛格丽特还想离她87岁的母亲近一些，她母亲住在旧金山的一套有租金管制①的公寓里。这让她感觉离自己长大的海岸和西部更近。到最后，他们只考虑两个州：俄勒冈州和华盛顿州。

---

① 租金管制是美国的一项政府计划，对房东租赁房屋或续租可以要求的金额进行限制，旨在让低收入居民负担得起生活费用。——编者注

尽管进行了全面的在线调研，但玛格丽特和瑞恩不想再发生意外。这次他们买了机票，飞往俄勒冈州的尤金，这是他们选址列表中的佼佼者。他们与陌生人交谈，开车四处探索。旅行结束时，玛格丽特明白了。"这就像是命中注定的，"她说，"这太神奇了。"尤金是他们的下一个生活地。

但他们还没有搬到那里就发生了意外。在做出决定后不久，疫情来袭，他们不得不先解决一些家庭事务。但玛格丽特知道尤金就在那里等着他们，他们选择这个小镇不是拍脑门的决定，而是出自实打实的数据、研究和调研。他们应用选址策略选择了一个城镇。

制定选址策略的经历改变了玛格丽特的生活，她在 2020 年推出了一项名为"地点查找器"的服务，以帮助其他数字游民找到最适合他们的城镇。她要求客户深入思考并设置地方价值观优先级，玛格丽特提供给他们潜在地点的选择列表，就像地点媒人一样。

令人奇怪的是，她的客户总是觉得自己配不上真正想去的地方。他们会告诉她，他们最终想定居在田纳西州，但现在先看看印第安纳州。当一个新地点让他们失望后，他们会直接回到之前他们讨厌的旧地点。

也许我们很多人都相信宿命论，也许我们害怕失望或受伤害，就像玛格丽特一样。我们害怕犯错，我们始终想保留一个梦想中的地点，作为我们在不那么理想的地方受苦后的希望。

玛格丽特试图委婉地引导人们重新考虑他们最想要的东西。"这就像，如果你最终想要住在这个地方，那能不能把这个地方放在首位并且真正去那里考察？让我们只专注于这一个问题。"

如果有一个令你兴奋的地方，即使它没有满足选址策略的所有标准，也请考虑一下。我希望你对自己的选择保持逻辑和清醒，但我也希望你因为有设计生活的机会而感到喜悦。

慢慢来，但最终还是要往前走。正如埃克哈特·托勒（Eckhart Tolle）所写："采取任何行动往往比不采取行动要好，尤其是当你长时间陷入不愉快的境地时。如果它是一个错误，至少你学到了一些东西，在这种情况下，它就不再是一个错误。"

行动起来，去探寻你的幸福

外面的世界有很多很棒的城镇，那些地方让你感觉像是失散已久的灵魂伴侣，一个可以满足你当下需要的地方，一个需要你的地方。其中任何一个都可能是你未来的目的地。

探寻者也有幸福的结局。搬到田纳西州克拉克斯维尔的赫布顿一家非常喜欢他们现在住的地方。他们经历了很多挣扎才走到今天，比如曾经的不确定性、犹豫不决、计划的改变、怀疑和疫情。赫布顿一家在制定选址策略时所做的一些事情都对他们有所帮助，例如加入 Facebook 兴趣小组，他们在感兴趣的领域找到了志同道合的人，比如永续农业、鱼菜共生、家禽养殖等。有些事情帮助不大，比如查找关于"最佳创业州"的州排名或列表。而且他们发现，州内部城镇之间的差异远比州际差异更大。

最终，赫布顿一家在克拉克斯维尔买了房子，安顿下来，并养了鸡。这座房子并不完美，但总归是他们的家。

IF YOU COULD
LIVE ANYWHERE

致 谢

我在全美各地的小镇和城市遇到了热爱他们居住地的人，这不仅增强了我对人类的信心，同时也激发了我写这本书的灵感。为此，我要感谢这些好心人。印第安纳州方廷县，密歇根州巴特尔克里克，北卡罗来纳州格林斯伯勒和阿拉曼斯县，北达科他州法戈，俄克拉何马州塔勒阔，南达科他州布鲁金斯和弗米利恩，宾夕法尼亚州布莱尔县，弗吉尼亚州丹维尔、林奇堡和罗阿诺克，俄亥俄州克利夫兰、克劳福斯县、马里恩和扬斯敦，谢谢你们邀请我过去。

我要感谢我的经纪人莉萨·格鲁卡（Lisa Grubka），感谢她准确无误的判断和坚定不移的支持，在我身边有一个像她这样的战士是一种老天的馈赠。感谢我的编辑安娜·米歇尔斯（Anne Michels）的热情和细致，以及布里奇特·麦卡锡（Bridget McCarthy）的敏锐。

许多人慷慨地与我分享了他们相关的经验和想法。我特别感谢珍妮·艾伦、梅拉妮·艾伦、加里·安德森（Gary Andersson）、马库斯·安德森、杰茜卡·阿劳斯、克丽丝廷·阿斯、萨拉·阿维拉姆、希瑟·奥桑布（Heather Awsumb）、罗丝·巴雷特、布鲁克·贝奇托尔德（Brooke Bechtold）、贝丝·布朗（Beth Brown）、哈登·布朗（Haden Brown）、埃米·布沙茨、莱

我身安处是职场
IF YOU COULD LIVE ANYWHERE

尼·卡梅隆、梅根·卡迈克尔（Megan Carmichael）、蒂姆·卡蒂、米歇尔·克里斯坦森（Michelle Christensen）、谢丽尔·克拉克（Cheryl Clark）、伊莉萨白·柯林斯（Elizabeth Collins）、莉萨·康明戈尔、麦肯齐·科特尔斯、朱利安·库奇、乔丹·德格雷、黛博拉·戴蒙德、威诺娜·迪梅奥-埃迪加、汉娜·迪克森、黛比·多宾斯、苏珊·多西尔（Susan Dosier）、杰森·达夫、瑞秋·雷·戴尔（Rachel Rae Dyer）、马特·戴克斯特拉、艾玛·伊诺克斯、劳雷尔·法勒、约翰·福伯格、拉尼·纳瓦罗·福斯、凯瑟琳·弗莱什利、迈克尔·根特（Michael Gent）、鲁迪·格洛克、里克·格雷厄姆、科琳·格罗斯、南迪塔·古普塔、埃米·赫布顿、马特·赫布登（Matt Hebdon）、梅根·赫布登（Megan Hebdon）、杰茜卡·希尔、艾莉萨·赫斯勒、唐纳德·希契科克、拉拉·霍德森（Lara Hodson）、托迈达·胡丹尼什（Thomaida Hudanish）、埃丝特·英曼、布里塔·詹森（Britta Jensen）、萨拉·克纳、莫莉·克努斯（Molly Knuth）、珍·科伊特（Jenn Koiter）、乔·凯肯德尔、安娜·凯肯德尔、达维达·莱德利、蒂姆·莱弗、保罗·利佩、凯蒂·林肯、贾斯汀·利顿、丽娅·洛夫、阿曼达·马尔科（Amanda Marko）、蒂法尼·耶茨、马丁·达茜·莫尔斯比、特雷莎·麦卡纳尼、瑞安·米塔、亚历克萨·莫德诺、杰里·诺里斯、阿里安娜·奥·戴尔、丽娜·帕特尔、尚德拉·佩尼亚、苏珊娜·珀金斯、安德鲁·菲利普斯、马可·皮拉斯、迈克·拉姆齐、诺玛·兰蒂西、劳伦·拉扎维、戴夫·里普、鲍勃·罗斯、珍妮·桑德伯格（Janie Sandberg）、克里斯汀·施密特、塔娜·席沃（Tana Schiewer）、凯特·施瓦茨勒、玛丽亚·塞尔廷、佩奇·塞弗伦斯、奇普·塞弗伦斯、克里斯·辛普勒、珍娜·辛普勒、凯特·斯莱特、阿曼达·施塔斯、芭芭拉·斯特普尔顿、斯蒂芬妮·斯托里、玛吉·斯特朗（Maggie Strong）、丽娅·塔肯、格蕾丝·泰勒、乔安娜·蒂丝（Joanna Theiss）、梅尔·托古森（Mel Torgusen）、克里斯汀·托瓦尔（Kristin Tovar）、莎伦·谢恩、

致　谢

克里斯汀·泰伊（Kristen Tye）、玛格丽特·范德格里夫、丹尼·万库兹、凯文·万库兹、伊尔哈姆·沃森、米莉·惠伦、蕾韦卡·威廉姆斯、本·温切斯特和保罗·扬杜拉。

我在布莱克斯堡的朋友，包括我读书俱乐部的小伙伴和疫情期间夜班工作的人员，使得我在疫情期间完成一本书的写作成为可能。谢谢你们。

我的家人：埃拉和鲁比，即使你们从未读过这本书，我也会永远爱你们。奎因，你我都知道本书能够诞生，大部分的功劳属于你，你一如既往并始终是我一生的挚爱。

参考文献

IF YOU COULD
LIVE ANYWHERE

考虑到环保的因素，也为了节省纸张、降低图书定价，本书编辑制作了电子版的注释及参考文献。请扫码下载"湛庐阅读"App，查看本书参考文献内容。

未来，属于终身学习者

我们正在亲历前所未有的变革——互联网改变了信息传递的方式，指数级技术快速发展并颠覆商业世界，人工智能正在侵占越来越多的人类领地。

面对这些变化，我们需要问自己：未来需要什么样的人才？

答案是，成为终身学习者。终身学习意味着永不停歇地追求全面的知识结构、强大的逻辑思考能力和敏锐的感知力。这是一种能够在不断变化中随时重建、更新认知体系的能力。阅读，无疑是帮助我们提高这种能力的最佳途径。

在充满不确定性的时代，答案并不总是简单地出现在书本之中。"读万卷书"不仅要亲自阅读、广泛阅读，也需要我们深入探索好书的内部世界，让知识不再局限于书本之中。

湛庐阅读 App: 与最聪明的人共同进化

我们现在推出全新的湛庐阅读 App，它将成为您在书本之外，践行终身学习的场所。

- 不用考虑"读什么"。这里汇集了湛庐所有纸质书、电子书、有声书和各种阅读服务。
- 可以学习"怎么读"。我们提供包括课程、精读班和讲书在内的全方位阅读解决方案。
- 谁来领读？您能最先了解到作者、译者、专家等大咖的前沿洞见，他们是高质量思想的源泉。
- 与谁共读？您将加入优秀的读者和终身学习者的行列，他们对阅读和学习具有持久的热情和源源不断的动力。

在湛庐阅读 App 首页，编辑为您精选了经典书目和优质音视频内容，每天早、中、晚更新，满足您不间断的阅读需求。

【特别专题】【主题书单】【人物特写】等原创专栏，提供专业、深度的解读和选书参考，回应社会议题，是您了解湛庐近千位重要作者思想的独家渠道。

在每本图书的详情页，您将通过深度导读栏目【专家视点】【深度访谈】和【书评】读懂、读透一本好书。

通过这个不设限的学习平台，您在任何时间、任何地点都能获得有价值的思想，并通过阅读实现终身学习。我们邀您共建一个与最聪明的人共同进化的社区，使其成为先进思想交汇的聚集地，这正是我们的使命和价值所在。

CHEERS

湛庐阅读 App
使用指南

读什么
- 纸质书
- 电子书
- 有声书

怎么读
- 课程
- 精读班
- 讲书
- 测一测
- 参考文献
- 图片资料

与谁共读
- 主题书单
- 特别专题
- 人物特写
- 日更专栏
- 编辑推荐

谁来领读
- 专家视点
- 深度访谈
- 书评
- 精彩视频

HERE COMES EVERYBODY

下载湛庐阅读 App
一站获取阅读服务

If You Could Live Anywhere: The Surprising Importance of Place in a Work-from-Anywhere World by Melody Warnick

Copyright © 2022 by Melody Warnick

This edition arranged with C. Fletcher & Company, LLC through Andrew Nurnberg Associates International Limited.

All rights reserved.

本书中文简体字版经授权在中华人民共和国境内独家出版发行。未经出版者书面许可，不得以任何方式抄袭、复制或节录本书中的任何部分。

版权所有，侵权必究。

图书在版编目（CIP）数据

我身安处是职场 / （美）梅洛迪·沃尼克
(Melody Warnick) 著；檀林译. -- 杭州：浙江教育出版社，2024.1
ISBN 978-7-5722-7288-2

Ⅰ．①我… Ⅱ．①梅… ②檀… Ⅲ．①职业选择—通俗读物 Ⅳ．①C913.2-49

中国国家版本馆CIP数据核字(2023)第257232号

浙江省版权局
著作权合同登记号
图字：11-2023-389号

上架指导：商业 / 职场

版权所有，侵权必究
本书法律顾问　北京市盈科律师事务所　崔爽律师

我身安处是职场
WOSHEN ANCHU SHI ZHICHANG

［美］梅洛迪·沃尼克（Melody Warnick）　著
檀林　译

责任编辑：	李　剑
助理编辑：	骆　珈
美术编辑：	韩　波
责任校对：	王晨儿
责任印务：	陈　沁
封面设计：	ablackcover.com

出版发行　浙江教育出版社（杭州市天目山路40号）
印　　刷　石家庄继文印刷有限公司
开　　本　720mm×965mm 1/16
印　　张　19.75　　　　　　　　字　数　261千字
版　　次　2024年1月第1版　　　印　次　2024年1月第1次印刷
书　　号　ISBN 978-7-5722-7288-2　定　价　89.90元

如发现印装质量问题，影响阅读，请致电 010-56676359 联系调换。